# 古典探究 漢文編

# 学習課題集

第一学習社

# はしがき

本書は、「古典探究　漢文編」教科書に完全準拠した学習課題集です。教科書採録の教材について、実際に書き込む作業を通して内容を理解していくことができるようにしました。予習・復習のための自学・自習用のサブノートとしてはもちろん、授業の併用教材としても十分に役立つよう、要点を押さえた編集をしました。

## ◆本書の構成と内容

本書に収録されている各教材は、次のような内容から構成されています。

### ◇教材を学ぶ観点を知る

①学習目標　各教材に設置し、その教材で何を学ぶのかを見通せるようにしました。

②評価の観点　「展開の把握」や「内容の理解」などコーナーごとに、評価の観点（「知識・技能」「思考力・判断力・表現力」）を置き、身につける内容を示しました。

### ◇基礎的な力を養い、教材を読解する

③語句・句法　国語の学習全般で必要な、古典の語句の読みや意味、句法の意味や用法を確認できるようにしました。

④展開の把握（要点の整理）　意味段落などをベースに、本文の内容や設定、主題を整理した

## 使い方のポイント

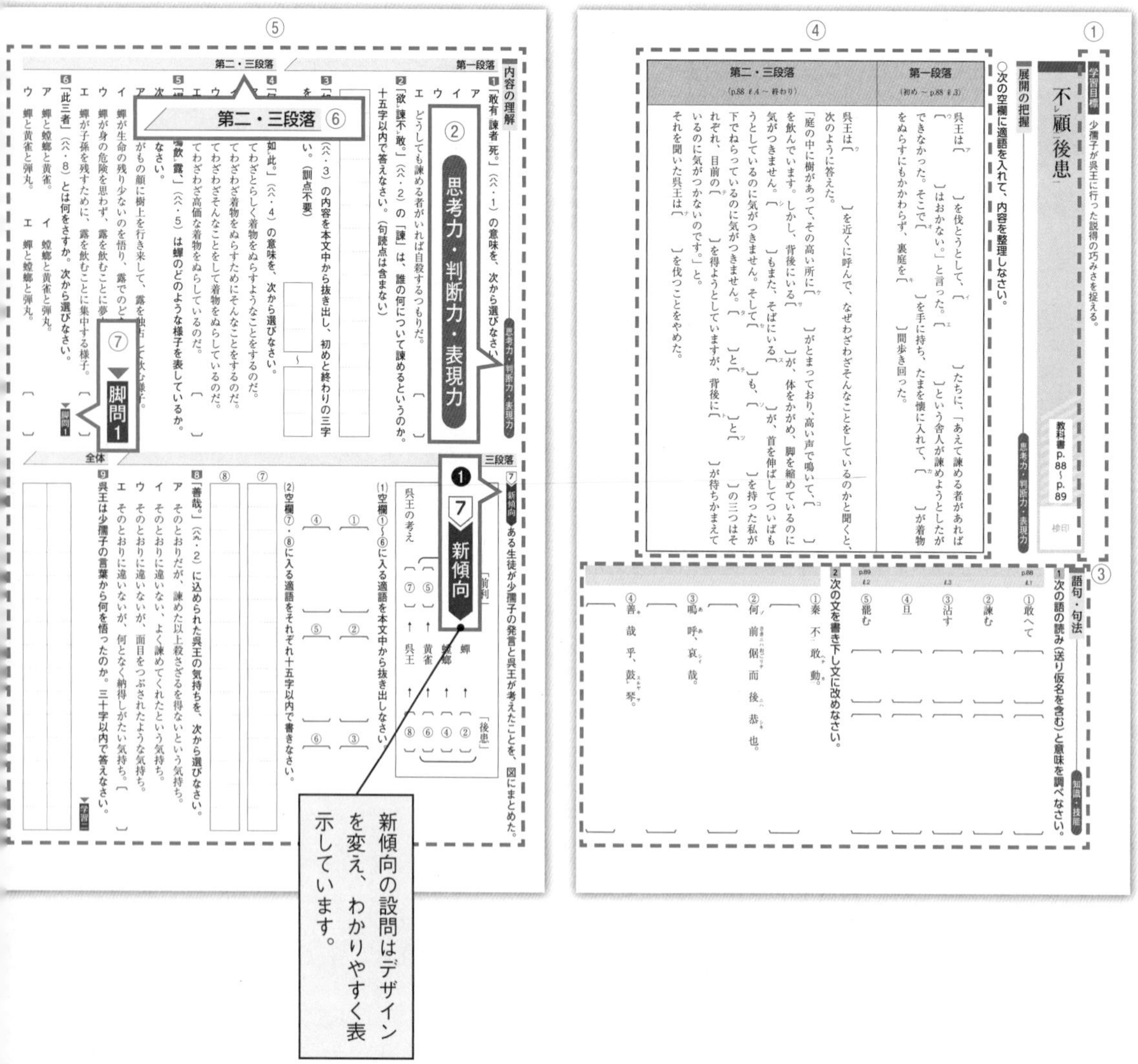

…のを用意しました。要点となる箇所を埋めていく空欄補充形式で、本文全体の構成や展開を把握することができます。

⑤内容の理解　客観問題と記述問題とをバランスよく用意し、本文読解にあたって、重要な点を押さえられるようにしました。

### ◇教科書の学習と関連づける

⑥帯　「語句・句法」の上部に教科書の本文掲載ページ・行を示す帯、「内容の理解」の上部に意味段落などを示す帯を付け、教科書と照合しやすくしました。

⑦脚問・学習・活動　教科書の「脚問」「学習（活動）の手引き」と関連した問いの下部に、アイコンを付けました。

## ◆本書の特色

❶新傾向問題　「内容の理解」で、最近の入試傾向をふまえ、会話形式や条件付き記述などの問いを、適宜設定しました。

❷活動　教科書収録教材と、他の文章・資料とを読み比べる、特集ページを設けました。

❸入試問題に挑戦　教科書採録作品や同作者の文章を用いた入試問題の改題を用意しました。

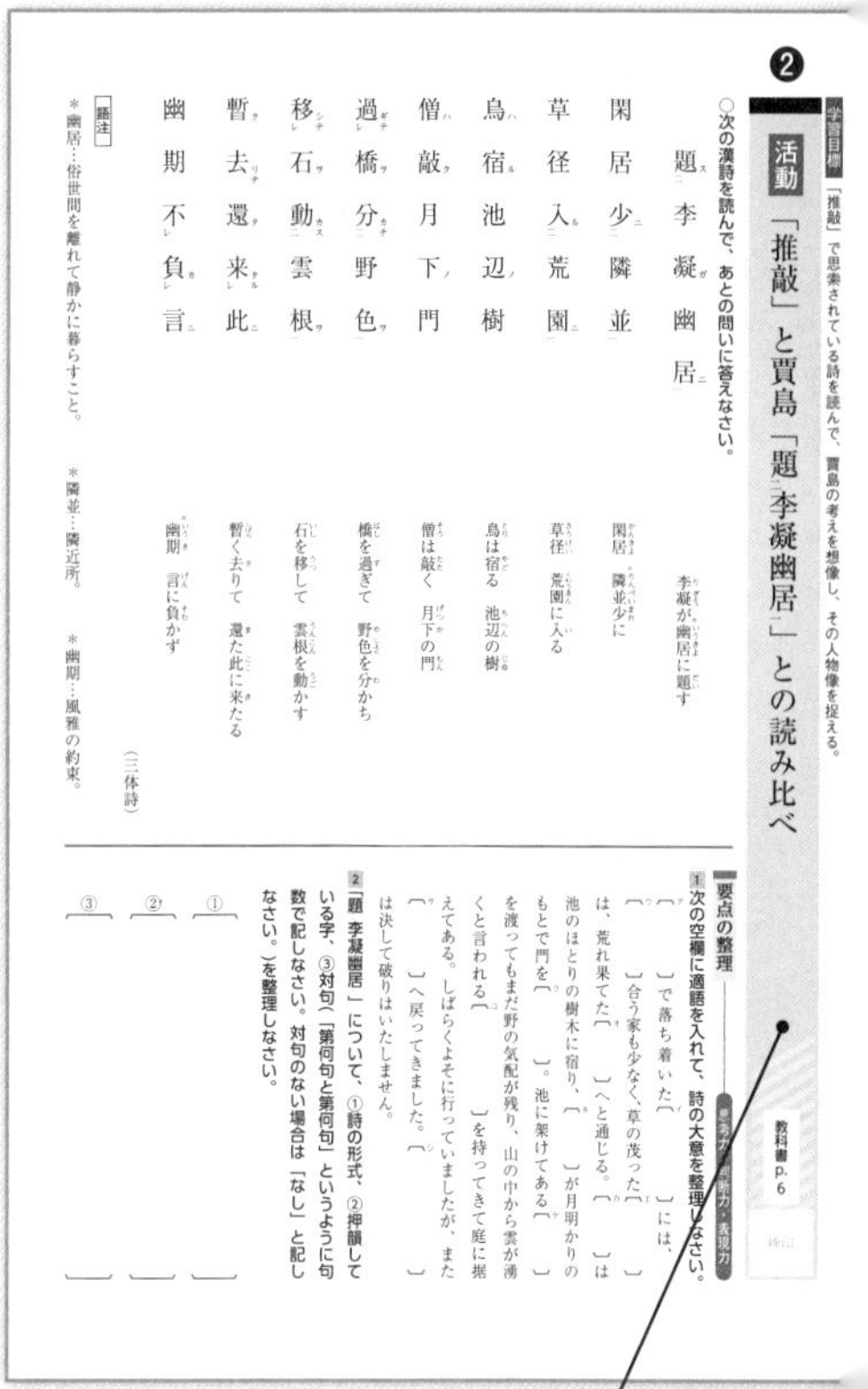

❷
活動　「推敲」と賈島「題李凝幽居」との読み比べ

○次の漢詩を読んで、あとの問いに答えなさい。

題李凝幽居

閑居少隣並
草径入荒園
鳥宿池辺樹
僧敲月下門
過橋分野色
移石動雲根
暫去還来此
幽期不負言

（三体詩）

要点の整理

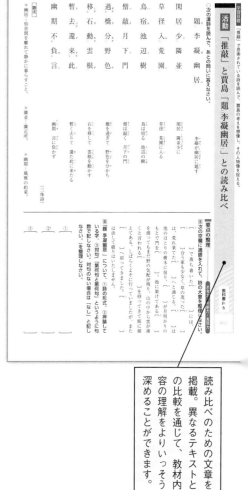

読み比べのための文章を掲載。異なるテキストとの比較を通じて、教材内容の理解をよりいっそう深めることができます。

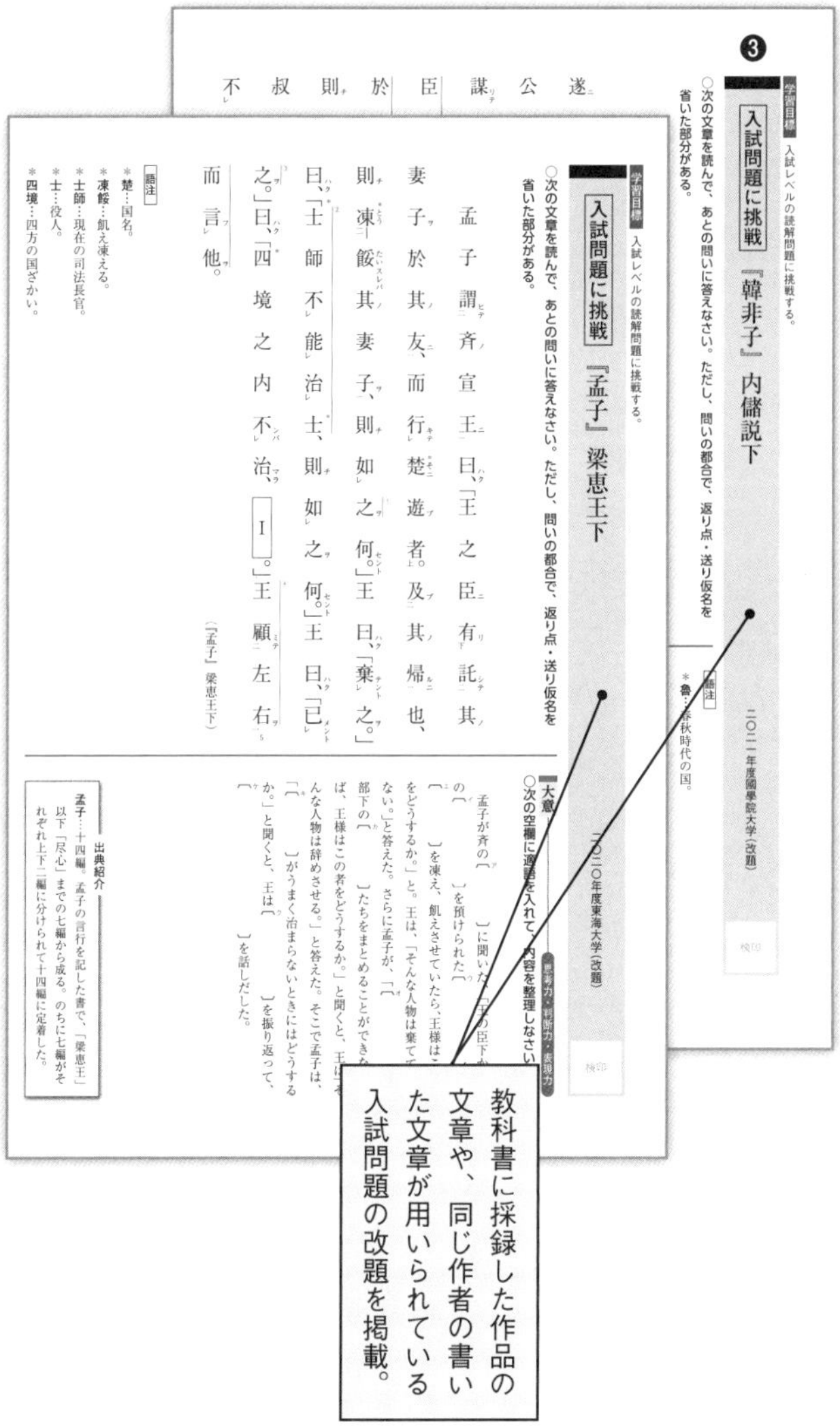

❸
入試問題に挑戦　『韓非子』内儲説下

二〇二一年度國學院大學（改題）

入試問題に挑戦　『孟子』梁恵王下

○次の文章を読んで、あとの問いに答えなさい。ただし、問いの都合で、返り点・送り仮名を省いた部分がある。

孟子謂斉宣王曰、「王之臣有託其妻子於其友、而之楚遊者。比其反也、則凍餒其妻子、則如之何。」王曰、「棄之。」曰、「士師不能治士、則如之何。」王曰、「已之。」曰、「四境之内不治、[ I ]。」王顧左右而言他。

（『孟子』梁恵王下）

二〇二〇年度東海大学（改題）

教科書に採録した作品の文章や、同じ作者の書いた文章が用いられている入試問題の改題を掲載。

# 目次

## 第I部

# 第Ⅱ部



## 入試問題に挑戦

学習目標　「推敲」の言葉の由来となった漢文を読解する。

# 推敲

教科書p.6

検印

## 展開の把握

思考力・判断力・表現力

○次の空欄に適語を入れて、内容を整理しなさい。

①唐の詩人〔ア　　　〕は〔イ　　　〕の受験のために都（長安）にやってきた。

②ろばに乗りながら詩を作り、「僧〔ウ　　　〕月下門」の句を思いついた。

③「〔エ　　　〕」の字を「〔オ　　　〕」の字に改めたほうがよかろうかと、しぐさをして考えたが、まだ決しかねていた。

④うっかりして大尹〔カ　　　〕の行列に突き当たってしまった。

⑤事情を詳しく説明したところ〔キ　　　〕は、「〔ク　　　〕の字がよい。」と言った。

⑥二人はそのまま轡（たづな）を並べて進みながら、詩について語り合った。

## 内容の理解

思考力・判断力・表現力

全体

**1**「未レ決。」（六・2）とは、何を決めることができなかったというのか。「〜ということ。」に続くように、十五字以内で答えなさい。

〔　　　　　　　　　　　　　　　〕ということ。

**2** 賈島が自作の詩について、一心不乱に考えていたことをうかがわせる一文を、本文中から抜き出しなさい。（返り点・送り仮名不要）

〔　　　　　　　　　　〕

**3**「具言」（六・3）の具体的な内容を、次から選びなさい。　▼脚問1

ア　大尹韓愈に対する非礼の謝罪。
イ　自作詩中の用字に関する迷い。
ウ　科挙を目前に控えての心構え。
エ　自作詩集の出版に関する依頼。

〔　　〕

全体

**4**「遂並レ轡論レ詩。」（六・3）の部分から、韓愈のどのような人物像を読み取ることができるか。次から選びなさい。

ア　政治には無関心な風流人。
イ　友情に厚い文学者。
ウ　自尊心の強い権力者。
エ　詩を愛する寛容な政治家。

〔　　〕

## 語句・句法

知識・技能

**1** 次の語の読み（送り仮名を含む）と意味を調べなさい。

p.6 ℓ.3

①乃ち〔　　　〕〔　　　〕
②具に〔　　　〕〔　　　〕
③遂に〔　　　〕〔　　　〕

**2** 次の文を書き下し文に改めなさい。

①未ダレ知ラ。〔　　　　　　〕
②未ダレ定マラ。〔　　　　　　〕

# 活動 「推敲」と賈島「題李凝幽居」との読み比べ

教科書p.6

検印

○次の漢詩を読んで、あとの問いに答えなさい。

題李凝幽居

閑居少隣並
草径入荒園
鳥宿池辺樹
僧敲月下門
過橋分野色
移石動雲根
暫去還来此
幽期不負言

（三体詩）

李凝が＊幽居に題す

閑居　＊隣並少に
草径　荒園に入る
鳥は宿る　池辺の樹
僧は敲く　月下の門
橋を過ぎて　野色を分かち
石を移して　雲根を動かす
暫く去りて　還た此に来たる
＊幽期　言に負かず

語注

＊幽居…俗世間を離れて静かに暮らすこと。　＊隣並…隣近所。　＊幽期…風雅の約束。

## 要点の整理　思考力・判断力・表現力

**1 次の空欄に適語を入れて、詩の大意を整理しなさい。**

〔ア　　〕で落ち着いた〔イ　　〕には、〔ウ　　〕合う家も少なく、草の茂った〔エ　　〕は、荒れ果てた〔オ　　〕へと通じる。〔カ　　〕は池のほとりの樹木に宿り、〔キ　　〕が月明かりのもとで門を〔ク　　〕。池に架けてある〔ケ　　〕を渡ってもまだ野の気配が残り、山の中から雲が湧くと言われる〔コ　　〕を持ってきて庭に据えてある。しばらくよそに行っていましたが、また〔サ　　〕へ戻ってきました。〔シ　　〕は決して破りはいたしません。

**2 「題李凝幽居」について、①詩の形式、②押韻している字、③対句（「第何句と第何句」というように句数で記しなさい。対句のない場合は「なし」と記しなさい。）を整理しなさい。**

①〔　　〕
②〔　　〕
③〔　　〕

## 内容の理解

思考力・判断力・表現力

**1** **この詩はどのような場面についてよんだものか。それを説明した次の文の空欄①〜③に入る適語をあとから選びなさい。**

〔 ① 〕が〔 ② 〕の家を、〔 ③ 〕に訪問している場面。

ア 李凝　イ 僧　ウ 朝　エ 昼　オ 夜

①〔　　〕②〔　　〕③〔　　〕

**2** **「李凝」とは、どのような人か。最も適当なものを次から選びなさい。**

ア 好きなものを集めてそれに囲まれて暮らすことに満足している人。

イ 都会の中に自然の環境を作り出してその中で暮らしている人。

ウ 静かな田舎の暮らしに飽き足らなくなったら、旅に出てしまう人。

エ 俗世間を離れて、静かに自然を愛して暮らしている人。〔　　〕

**3** 新傾向 **本詩の僧は賈島であり、『推敲』の中では、この詩の「僧敲月下門」の部分を考えている。次の会話文は、それをふまえた「推」と「敲」の違いについての話し合いである。これを読んで、あとの問いに答えなさい。**

教　師：月下の門を「推した」場合と「敲いた」場合の違いは何だろう？

生徒A：門を「推した」ときはあまり音がしないけど、「敲いた」ときはトントンって軽やかな音がして、詩の状況に合っている感じがするよ。

教　師：そうだね。他にはないかな？

生徒B：門を「敲く」って要するにノックだよね。訪問した合図を送って、鍵を開けてもらうんだよね。

生徒C：そうすると、門を「推す」のときは鍵が開いているということかな。

生徒D：鍵が開いているのは、あらかじめ訪問の約束をしてある場合だね。

生徒C：じゃあ、僧は「敲いた」んだから、約束なしに夜に訪問したんだね。ちょっと迷惑じゃない？

生徒A：迷惑をかけることはわかっていても、訪問したかったんじゃないかな。たとえば急に話をしたくなったとか。

生徒B：訪問相手の李凝の人柄を考えると、僧は、月の美しさをいっしょに味わって語り合いたくなったのかもしれないよ。

生徒D：僧をどういう人物と捉えるかが大切だね。約束して訪問したなら常識的な人ということしかわからないけれど、約束せずに夜訪問したのだとしたら、僧は李凝と〔 ① 〕ということになるね。

**(1)** **会話文中の空欄①に入る適語を十字以内で答えなさい。**

〔　　　　　　　　　　〕

**(2)** **会話文の中から、「敲く」にするほうがよいと考えている生徒の理由を二つ探し、それらを次の文の空欄に適当な形でまとめなさい。**

・「敲く」にしたほうが「推す」よりも、〔　　　　　　　　〕から。

・「敲く」にしたほうが「推す」よりも、〔　　　　　　　　〕から。

**(3)** **賈島が、「推す」と「敲く」のどちらがよいか悩んだのはなぜか。その理由を説明した次の文の空欄に入る言葉をそれぞれ二字で書きなさい。**

詩の中のたった〔 ① 〕が違うだけで、詩の〔 ② 〕の印象が変わってしまうから。

①〔　　〕②〔　　〕

**4** **『推敲』の本文とこの詩から読み取れる賈島の人物像として、最も適当なものを次から選びなさい。**

ア 風流を好んでいるが、一般的な常識もわきまえている人。

イ 身分の違う相手に対しても分け隔てなく接する人。

ウ 言葉を選んで詩を作ることを生きがいとしている人。

エ 一つの事に没頭してしまうと、まわりが見えなくなる人。

〔　　〕

# 呉越同舟

教科書p.7　検印

## 展開の把握　思考力・判断力・表現力

○次の空欄に適語を入れて、内容を整理しなさい。

**第一段落**（初め～七・3）

軍隊の使い方が巧みな大将＝〔ア　　〕という蛇のようなものだ。
この蛇は〔イ　　〕に住んでいる。この蛇の〔ウ　　〕を打つと〔エ　　〕が助けに来、〔オ　　〕を打つと〔カ　　〕が助けに来る。その中ほどを打つと〔キ　　〕も〔ク　　〕もともに助けに来る。

**第二段落**（七・4～終わり）

質問→〔ケ　　〕はこの蛇のように相互を救わせることができますか。
答え→それは〔コ　　〕だ。たとえば、呉の国の人と〔サ　　〕の国の人は仲が悪くて互いに〔シ　　〕合っているが、同じ舟に乗って川を渡っているときに、突然〔ス　　〕に遭遇すると助け合うのは、まさに左右の手でかばい合うようなものである。

## 内容の理解　思考力・判断力・表現力

**第一段落**

**1**「善用(レ)兵者、譬如(二)率然(一)。」（七・1）とは、どういうことか。次から選びなさい。
ア　巧みな用兵とは、強い兵を優遇して士気を高めること。
イ　巧みな用兵とは、兵どうしを助け合わせること。
ウ　巧みな用兵とは、兵に何度もしつこく攻めさせること。
エ　巧みな用兵とは、勇猛果敢に攻めさせること。
〔　　〕

**2**「其中」（七・2）とは、何をさすのか。十五字以内で答えなさい。

**3**「使(レ)如(二)率然(一)」（七・4）がさす部分を本文中から抜き出し、初めと終わりの三字で答えなさい。（訓点不要）
〔　　〕～〔　　〕

**第二段落**

**4**「如(二)左右手(一)。」（七・5）とは、どういう意味か。次から選びなさい。　▼脚問1
ア　左右の手が力を合わせて身体を守るようである。
イ　左右の手の力の強いほうが活躍するようである。
ウ　左右の手がお互いにかばい合うようである。
エ　左右の手がお互いけんかし合うようである。
〔　　〕

**全体**

**5**「呉越同舟」という故事成語の、現在使われている意味を答えなさい。　▼学習二
〔　　〕

## 語句・句法　知識・技能

**1** 次の語の読み（送り仮名を含む）と意味を調べなさい。
① 倶に（p.7 ℓ.3）〔　　〕〔　　〕
② 敢へて（ℓ.4）〔　　〕〔　　〕

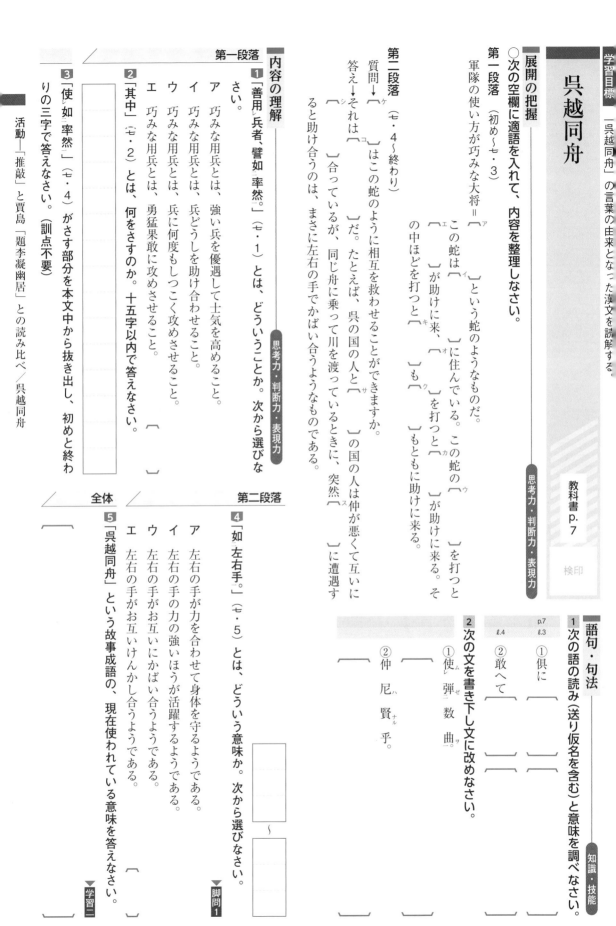

**2** 次の文を書き下し文に改めなさい。
① 使(ム)(レ)弾(ゼ)(二)数曲(ヲ)(一)。〔　　〕
② 仲尼(ハ)賢(ナル)乎。〔　　〕

学習目標　「嬰逆鱗」の言葉の由来となった漢文を読解する。

# 嬰二逆鱗一

教科書 p.8

検印

## 展開の把握　思考力・判断力・表現力

○次の空欄に適語を入れて、内容を整理しなさい。

〔ア　　〕という動物は、従順な〔イ　　〕で、飼い慣らして〔ウ　　〕ることができる。

←

しかし、〔エ　　〕の喉もとには直径〔オ　　〕ほどの逆さまに生えたうろこ（＝〔カ　　〕）があり、もし人がこれに触れたならば、必ず〔キ　　〕される。

⇔

君主にも〔ク　　〕と言うべきものがある。君主に自分の〔ケ　　〕を述べる者は、その〔コ　　〕に触れずにうまくやる必要がある。うまくやればあとの成功が〔サ　　〕できる。

## 内容の理解　思考力・判断力・表現力

**1**「竜之為レ虫也、」（八・1）とは、どういう意味か。次から選びなさい。

ア　竜も動物の一種で　　イ　竜が動物になったのは

ウ　竜は動物の中で　　エ　竜の動物としての性質は　〔　　〕

**2**「狎而騎」（八・1）とは、誰が何をどうすることか。十五字以内で答えなさい。

全体

**3**「其喉下」（八・1）の「其」は何をさしているか。本文中から抜き出しなさい。

〔　　〕

全体

**4**「若人有二嬰レ之者一、」（八・2）について、次の問いに答えなさい。

(1)「之」は何をさしているか。本文中から抜き出しなさい。〔　　〕

(2)この結果、どのようになるのか。八字以内で答えなさい。

**5**「幾矣。」（八・3）とはどういう意味か。次から選びなさい。　▼脚問1

ア　望ましいことである。　　イ　あとのことはよくわからない。

ウ　成功したのに近い。　　エ　近々死ぬことになる。　〔　　〕

**6**「逆鱗に触れる」は、現在どのような意味で使われているか。次から選びなさい。　▼学習二

ア　指導者を怒らせる。　　イ　目上の人を怒らせる。

ウ　権力者に見放される。　　エ　地位の高い人にごまをする。　〔　　〕

## 語句・句法　知識・技能

**1** 次の語の読み（送り仮名を含む）と意味を調べなさい。

p.8 ℓ.1　①夫れ　〔　　〕〔　　〕

②然れども　〔　　〕〔　　〕

ℓ.3　③能く　〔　　〕〔　　〕

**2** 次の文を書き下し文に改めなさい。

①若（もシ）不レ（ンバ）従（ハ）、非レ（ザル）忠（ニ）也。　〔　　〕

②草木得二（レバ）雨露一（ヲ）、則（チ）成長（ス）。　〔　　〕

# 知音

教科書p.9

検印

## 語句・句法　知識・技能

**1** 次の語の読み（送り仮名を含む）と意味を調べなさい。

p.9 ℓ.1 ①聴く（　　）（　　）

②方たる（　　）（　　）

ℓ.5 ③以為へらく（　　）（　　）

**2** 次の文を書き下し文に改めなさい。

①賢ナル哉、回也。（　　）

②黄鶴一タビ去リテ不二復タ返一ラ。（　　）

## 展開の把握　思考力・判断力・表現力

○次の空欄に適語を入れて、内容を整理しなさい。

・伯牙＝（ア　　）を弾く名手。

・（イ　　）＝音色を聞き分けることのできる人。

具体的エピソード

伯牙の気持ちが（ウ　　）にある場合には、鍾子期は、「高く険しい音色で（エ　　）のようだ。」と言い、伯牙の気持ちが（オ　　）にある場合には、鍾子期は、「水が勢いよく流れるような音色で（カ　　）のようだ。」と言った。

友情の結末

鍾子期が（キ　　）と、伯牙は（ク　　）を壊し、（ケ　　）を断ち切って、生涯二度と奏でることはなかった。→理由：世の中にはもはや琴を弾いて聞かせるに（コ　　）者はいないから。

## 内容の理解　思考力・判断力・表現力

全体

**1** 「之」（九・1）は、何をさすか。本文中から抜き出しなさい。（　　）

**2** 「志在二太山一」（九・1）について、次の問いに答えなさい。

⑴「志」とは、誰の「志」か。本文中から抜き出しなさい。（　　）

⑵「志在二太山一」とは、どういうことか。次から選びなさい。

ア　演奏の技術が最高のものになるようにと願っているということ。

イ　泰山のように雄大な山のごとき心境で演奏をするということ。

ウ　自分の演奏技術に絶対の自信を持ちながら演奏するということ。

エ　泰山を登頂するような強い意志で演奏するということ。（　　）

全体

**3** 「巍巍乎若二太山一。」（九・2）の言葉は、何を表しているか。次から選びなさい。

ア　鍾子期が、伯牙の琴の演奏を深く理解していたこと。

イ　鍾子期の琴の演奏は、伯牙の技術に及ばなかったこと。

ウ　鍾子期が、伯牙の琴の才能の限界を感じたということ。

エ　鍾子期が、伯牙の琴の指導をしていたということ。（　　）

**4** 「伯牙破レ琴絶レ絃、終身不二復鼓一レ琴。」（九・4）した理由を説明した文を、本文中から抜き出しなさい。（返り点・送り仮名不要）　▼学習一

（　　）

**5** 「知音」という故事成語と同じ意味の語を、次から選びなさい。

ア　知命　イ　旧知　ウ　知徳　エ　知己（　　）

**学習目標**　史伝を読んで登場人物の言動を押さえ、古代中国の理想的政治のあり方を捉える。

# 鼓腹撃壌

教科書 p.12〜p.13

検印

## 展開の把握

思考力・判断力・表現力

○次の空欄に適語を入れて、内容を整理しなさい。

| 第一段落 (p.12 ℓ.3 〜 p.12 ℓ.5) | 第二段落 (p.12 ℓ.6 〜 p.13 ℓ.7) | | |
|---|---|---|---|
| 帝堯の人柄と宮殿の様子 | 帝堯の治世の姿 | 童謡 | 老人の歌 |
| 古代中国の帝〔ア　　〕は、帝嚳の子である。彼の仁は〔イ　　〕が万物を覆い尽くすのに似ており、彼の知は〔ウ　　〕のようであった。近づいて見ると〔エ　　〕のようなあたたかさを感じ、遠くから望み見ると恵みの雨をもたらす〔オ　　〕のようであった。堯は平陽に都を置いた。宮殿は、〔カ　　〕で葺いた屋根で軒端を切りそろえず、宮殿への階段は〔キ　　〕で築かれた三段だけであった。 | 帝〔ク　　〕が天下を治めて〔ケ　　〕年がたった。天下がうまく治まっているのか、民衆が〔コ　　〕を帝として戴くことを願っているのかわからなかった。〔サ　　〕の者に聞いても、朝廷の役人に尋ねても、〔シ　　〕の者に聞いてもわからなかった。そこで帝〔ス　　〕は、粗末な身なりをして、にぎやかな大通りに出かけた。 | 我々民衆の生活を成り立たせているのは、帝の徳のおかげである。知らず知らずのうちに、帝の〔セ　　〕に従ってしまう。 | 日が昇ったら仕事を始め、日が沈んだら休む。井戸を掘って水を飲み、畑を耕して食べる。帝の力がどうして〔ソ　　〕に及んでいようか、いや、及んでいない。 |

## 語句・句法

知識・技能

**1** 次の語の読み（送り仮名を含む）と意味を調べなさい。

| p.12 ℓ.3 | ℓ.6 | ℓ.7 | ℓ.8 | p.13 ℓ.2 |
|---|---|---|---|---|
| ①如し | ②億兆 | ③左右 | ④游ぶ | ⑤爾 |
| 〔　　〕 | 〔　　〕 | 〔　　〕 | 〔　　〕 | 〔　　〕 |
| 〔　　〕 | 〔　　〕 | 〔　　〕 | 〔　　〕 | 〔　　〕 |

**2** 次の文を書き下し文に改めなさい。

①女（なんぢ）忘レタル㆓会稽（くわいけい）之恥ヲ㆒邪。

〔　　〕

②無キ㆑非ザル㆑教ヘニ也。

〔　　〕

③吾何ゾ愛シマンヤ（をしまんや）㆓一牛ヲ㆒。

〔　　〕

④何ゾ不ル㆓試ミニ㆑之ヲ以テセ㆑足ヲ㆒。

〔　　〕

## 内容の理解

思考力・判断力・表現力

### 第一段落

**1** 「其仁如レ天、」（三・3）とは、どういうことの比喩か。次から選びなさい。 ▼学習一

ア 帝尭の仁徳が天のように広大であること。
イ 帝嚳の仁徳が天のように高尚であること。
ウ 幼い子供の人徳が天のように広大であること。
エ 幼い子供の仁徳が天のように澄んでいること。

〔　　〕

**2** 「就レ之如レ日、望レ之如レ雲。」（三・4）について、次の問いに答えなさい。

(1)「之」は、何をさすか。本文中から抜き出しなさい。 ▼学習一

〔　　〕

(2)「如レ日」・「如レ雲」は、何を表したものか。次から選びなさい。

ア 容姿が輝くばかりに美しいこと。
イ 体格が見上げるほど大柄なこと。
ウ 人柄があたたかくて慈悲深いこと。
エ 表情が天気のように変わること。

〔　　〕

**3** 「茆茨不レ翦、土階三等。」（三・4）とは、何の、どのような様子を表しているか。十字以内で説明しなさい。

### 第二段落

**4** 「微服」（三・8）したのは、なぜか。二十字以内で答えなさい。 ▼脚問1

**5** 「莫レ匪二爾極一」（亖・2）とは、どういう意味か。二十字以内で書きなさい。

### 第二段落

**6** 「帝之則」（亖・3）とは、どういう意味か。次から選びなさい。

ア 帝が取り仕切る儀礼。
イ 帝嚳が作った法律。
ウ 帝になるための資質。
エ 帝尭が立てた規範。

〔　　〕

**7** 「含レ哺鼓レ腹、撃レ壌」（亖・4）は、老人のどのような様子を表しているか。答えなさい。

**8** 「日出而作日入而息／鑿レ井而飲耕レ田而食」（亖・5〜6）の表している生活ぶりを次から選びなさい。

ア すべてをありのままに受け止める、無為自然の生活。
イ 自然の運行に従って労働する、自給自足の生活。
ウ 朝から晩まで働きどおしで、厳しい自然に立ち向かう生活。
エ 好きな時間に起きて好きな時間に働く自由な生活。

〔　　〕

**9** 「帝力何有二於我一哉」（亖・7）は、どういう意味か。次から選びなさい。

ア 帝のために私の力が役立つことがあろうか、いや、ないだろう。
イ 帝の力はどうして私より優れていようか、いや、劣っている。
ウ 帝の力がどうして私に及んでいようか、いや、及んでいない。
エ 帝の力はどうして私のためになろうか、いや、ならない。

〔　　〕

**10** 老人の歌は、尭の政治がどのようであることを表しているのか。次から選びなさい。 ▼学習二

ア 民に政治が意識されないほど、理想的なものであるということ。
イ 老人には理解されないほどに、難解なものであるということ。
ウ 食料の供給と労働面では、非常にうまくいっているということ。
エ 老人の楽しい余生を保障したものであるということ。

〔　　〕

**学習目標** 戦国時代を背景とした国の状況を押さえ、王が二人の大夫に下した判断の理由を読み取る。

# 莫㆓敢飾詐㆒

教科書p.14～p.15

検印

## 展開の把握　思考力・判断力・表現力

○次の空欄に適語を入れて、内容を整理しなさい。

（ア　　）は国力が衰えていたので、王は国力の回復を考え即墨と（イ　　）の知事を呼んでそれぞれ次のように言った。

| 即墨の知事に | （ケ　　）の知事に | |
|---|---|---|
| あなたの赴任後、あなたの（ウ　　）が毎日耳に入った。<br>←視察させると<br>田や（エ　　）はよく開墾され、（オ　　）は満ち足りて、役所もひまで（カ　　）がなく、東方の（キ　　）も安泰である。<br>←あなたの評判が悪いのは<br>私の（ク　　）に取り入って助言を求めなかったからだ。<br>←一万石の領主に取り立てた。 | おまえの赴任後、おまえをほめる（コ　　）が毎日耳に入った。<br>←視察させると<br>田や（サ　　）は開墾されておらず（シ　　）は貧しく飢えている。趙が（ス　　）を攻めても（セ　　）が薛陵を取っても知らぬ顔だった。<br>←おまえの評判が良いのは<br>私の（ソ　　）に賄賂を渡して取り入ってほめられるようにしたからだ。<br>←ほめた者と一緒に釜ゆでの刑にした。 | 多くの（タ　　）たちはふるえ恐れ、うわべを偽る者はいなくなった。<br>←（チ　　）の国は大いに治まり、（ツ　　）は兵を送って攻めて来なくなった。 |

## 語句・句法　知識・技能

**1** 次の語の読み（送り仮名を含む）と意味を調べなさい。

p.14 ℓ.4 ①幾ど　（　　）（　　）
②大夫　（　　）（　　）
ℓ.6 ③辟く　（　　）（　　）
④寧し　（　　）（　　）
p.15 ℓ.3 ⑤嘗て　（　　）（　　）

**2** 次の文を書き下し文に改めなさい。

①人自リ㆑古皆有リ㆑死。
（　　）

②天帝使ム㆔我ヲシテ長タラ㆓百獣ニ㆒。
（　　）

③吾莫シ㆓敢ヘテ責ムルコト㆒㆑汝ヲ。
（　　）

④秦不㆓敢ヘテ動カ㆒。
（　　）

## 内容の理解

思考力・判断力・表現力

### 第一段落

**1** 「斉国幾不レ振。」（四・4）の意味を、次から選びなさい。

ア　斉王の威力が衰えて他国に軽んじられていること。
イ　斉の国力が衰えて不安定な状況であること。
ウ　斉王が他国に侵略する意志がないということ。
エ　斉の国力を回復する手段が見つけられないこと。

〔　　〕

**2** 「東方寧。」（四・6）とは、どういう意味か。二十字以内で答えなさい。

**3** 「是」（四・6）とは、何か。本文中から五字以内で抜き出しなさい。（訓点不要）

### 第二段落

**4** 「趙攻レ鄄、子不レ救。衛取二薛陵一、子不レ知。」（五・1）とは阿の知事がどうだったというのか。次から選びなさい。

ア　斉の領土がこれ以上増えても仕方がないと思って黙っていた。
イ　斉の領土が他国に侵略されないように我慢していた。
ウ　斉が他国の領土を侵略する計画は黙っていた。
エ　斉の領土が他国から侵略されても対応しなかった。

〔　　〕

**5** 「嘗誉者」（五・3）とあるが、どう「誉」めたか。次から選びなさい。

ア　知事は領地を拡大し斉に貢献している。
イ　知事は領地をよく治め民を幸せにしている。
ウ　知事は領地を守るために絶えず他国と戦っている。
エ　知事は領地を治めるために民に倹約を勧めている。

〔　　〕

**6** 「斉大治。」（五・4）の理由を三十字以内で説明しなさい。　▼脚問3

### 全体

**7** 新傾向　ある生徒がこの文章の内容を、次のように表にまとめた。　▼学習一　▼学習二

| | 評判 | 実態 | 王の命令 | 命令の理由 |
|---|---|---|---|---|
| 即墨大夫 | 〔①〕 | 〔③〕 | 〔⑤〕 | 〔⑦〕 |
| 阿大夫 | 〔②〕 | 〔④〕 | 〔⑥〕 | 〔⑧〕 |

(1) 空欄①〜④にそれぞれの大夫の「評判」や「実態」がよい場合は○を、悪い場合は×を書きなさい。

①〔　　〕　②〔　　〕　③〔　　〕　④〔　　〕

(2) 空欄⑤・⑥について、王はそれぞれの大夫にどのようなことを命じたか。それぞれ十五字以内で書きなさい。

⑤
⑥

(3) 空欄⑦・⑧にあてはまる理由を、それぞれ次から選びなさい。

⑦
ア　王の側近に取り入ったが、知事の仕事は全うしたから。
イ　王の意見は聞かなかったが、知事の仕事は全うしたから。
ウ　王の側近に取り入らず、知事の仕事を全うしたから。
エ　王に直接意見を聞き、知事の仕事を全うしたから。

⑧
ア　王の側近に賄賂を贈り、自分の良い評判が王の耳に入るようにしたから。
イ　王の側近に賄賂を贈り、王の良い評判が立つようにしたから。
ウ　王の側近から賄賂をもらい、王の良い評判を立てたから。
エ　王の側近から賄賂をもらい、側近の良い評判を王に売り込んだから。

⑦〔　　〕　⑧〔　　〕

# 鶏鳴狗盗

**学習目標**　戦国時代を背景とした国の状況を押さえ、作中に描かれた話からできた言葉について知る。

教科書 p.16～p.17

検印

## 展開の把握　思考力・判断力・表現力

○次の空欄に適語を入れて、内容を整理しなさい。

| (初め～p.16 ℓ.7) | 孟嘗君の危機 (p.16 ℓ.8～p.16 ℓ.9) | 第一の脱出 (p.16 ℓ.9～p.17 ℓ.3) | 第二の脱出 (p.17 ℓ.4～p.17 ℓ.6) | (p.17 ℓ.7～終わり) |
|---|---|---|---|---|
| 靖郭君田嬰の子である文は〔ア　　〕を数千人かかえていた。文の名声は諸侯に聞こえていた。文は号して〔イ　　〕といった。 | 〔ウ　　〕の昭王は、孟嘗君が賢人であるという評判を聞き、まず人質を〔エ　　〕の国に入れて、孟嘗君に面会を求めた。孟嘗君がやって来ると、捕らえて殺そうとした。 | 場所＝〔オ　　〕の宮廷<br>孟嘗君が昭王の幸姫に釈放を頼むと、幸姫は報酬として狐白裘を要求した。しかし、すでに昭王に献上していて、他の狐白裘はなかった。食客の中でこそ泥のうまい者が秦の〔カ　　〕から狐白裘を盗み、これを〔キ　　〕に献上した。幸姫は孟嘗君を釈放するように〔ク　　〕を説得し、孟嘗君は釈放された。 | 場所＝〔ケ　　〕<br>孟嘗君は馬を走らせ、姓名を変えて、関所にたどり着いた。関所の規則では、鶏が鳴いて初めて〔コ　　〕を通すことになっていた。食客の中で鶏の鳴きまねのうまい者が鳴きまねをすると、あたりの〔サ　　〕が皆鳴き始めた。関所の番人は車馬を出発させた。間もなく追っ手がやって来たが、追いつけなかった。 | 孟嘗君は秦を恨み、〔シ　　〕・〔ス　　〕とともにこれを討った。 |

## 語句・句法　知識・技能

**1** 次の語の読み（送り仮名を含む）と意味を調べなさい。

- p.16 ℓ.5 ①封ぜらる〔　　〕〔　　〕
- ℓ.8 ②先づ〔　　〕〔　　〕
- p.17 ℓ.1 ③蓋し〔　　〕〔　　〕
- ④嘗て〔　　〕〔　　〕
- ℓ.2 ⑤能く〔　　〕〔　　〕
- ℓ.3 ⑥為に〔　　〕〔　　〕
- ℓ.6 ⑦遂に〔　　〕〔　　〕

**2** 次の文を書き下し文に改めなさい。

①項王怒リテ欲スレ殺サントレ之ヲ。
〔　　　　〕

②願ハクハ大王急ギ渡レ。
〔　　　　〕

③我ト与レ彼孰レカ勝ル。
〔　　　　〕

## 内容の理解

思考力・判断力・表現力

### 孟嘗君の危機

**1** 「聞二其賢一」（一六・8）について、次の問いに答えなさい。

(1) 「其」とは、誰をさすか。本文中の語句を用いて答えなさい。

〔　　　　〕

(2) ここの他に「其」の人物の風評について述べた部分を、本文中から抜き出しなさい。（訓点不要）

〔　　　　〕

**2** 「先納二質於斉一」（一六・8）とあるが、最初に人質を斉に入れたのはなぜか。次から選びなさい。 脚問1

ア　孟嘗君の食客の正確な数を知らせるため。
イ　孟嘗君が本当に賢人かどうかを調べるため。
ウ　孟嘗君を安心させ、秦にやって来させるため。
エ　孟嘗君の身柄を秦に引き渡すことを要求するため。

〔　　〕

**3** 「欲レ殺レ之。」（一六・9）とあるが、なぜ殺そうとしたのか。次から選びなさい。

ア　宣王を倒して王位に就いた孟嘗君を罰するため。
イ　すぐれた人物だといううわさを聞いて恐れたため。
ウ　人質を渡すことを要求されて、腹が立ったため。
エ　幸姫を奪われるのではないかと心配したため。

〔　　〕

### 第一の脱出

**4** 「使下人抵二昭王幸姫一求上レ解。」（一六・9）とあるが、なぜ幸姫に助けを求めたのか。次から選びなさい。

ア　幸姫は孟嘗君の異母兄弟で、彼の身を案じているから。
イ　昭王は幸姫がお気に入りで、彼女の頼みを断らないから。
ウ　幸姫は清廉な人で、道理に合わないことが嫌いだから。
エ　幸姫は秦の司法・警察をつかさどる役職であるから。

〔　　〕

### 第一の脱出

**5** 「無二他裘一」（一七・2）とあるが、この時点で「裘」を持っているのは誰か。本文中の語句を用いて答えなさい。

〔　　　　〕

**6** 「得レ釈。」（一七・3）について、ここでの「釈」と同じ表現を、本文中から一字で抜き出しなさい。

〔　〕

### 第二の脱出

**7** 「函谷関。」（一七・4）の規則はどういうものか。次から選びなさい。

ア　朝、鶏が鳴くまでは関所の門を開けないということ。
イ　人よりも鶏などの物資を先に通行させるということ。
ウ　恐ろしい秦王の命令には決して逆らわないということ。
エ　ごくわずかな時間しか開門しないということ。

〔　　〕

**8** ①「出レ客。」（一七・5）、②「客有」（同）の「客」は、それぞれどういう意味か。次から選びなさい。

ア　食客　　イ　旅客　　ウ　主客　　エ　客死

①〔　　〕②〔　　〕

**9** 「不レ及。」（一七・6）とは、どういうことか。次から選びなさい。

ア　秦王は孟嘗君を追ったが函谷関にたどり着けなかったこと。
イ　追っ手の鳴きまねが食客の鳴きまねに及ばなかったこと。
ウ　昭王の追っ手が孟嘗君の一行に追いつけなかったこと。
エ　昭王の追っ手が孟嘗君と戦ったがかなわなかったこと。

〔　　〕

### 全体

**10** 「鶏鳴狗盗」は「つまらない働きしかできない者」という意味の故事成語であるが、この「つまらない働き」とは、本文中のどの内容をさすか。二つ答えなさい。

〔　　　　〕〔　　　　〕

**学習目標** 史伝を読んで登場人物の言動を押さえ、韓信のとった作戦の巧みさを理解する。

# 背水之陣

教科書 p.20～p.21

検印

## 展開の把握

思考力・判断力・表現力 ▼学習一

○次の空欄に適語を入れて、内容を整理しなさい。

漢の三年、〔ア　　〕は張耳とともに〔イ　　〕を攻める際に、自軍を三つに分け、次のような作戦を立てた。

**作戦内容**

① 〔ウ　　〕の騎馬兵〔エ　　〕人に〔オ　　〕を持たせ〔カ　　〕から〔キ　　〕を遠望できるところまで発進させる。

② 大将の軍は敗走を装い趙軍に追撃させる。そのすきに乗じて、遠望していた騎馬兵が空っぽになった〔ク　　〕に入り、趙の幟を抜き取り、漢の〔ケ　　〕を立てる。

③ 一万人の兵に命じて〔コ　　〕の陣を布かせる。

夜明け方、戦いが始まった。作戦は、次のように実行された。

**実戦の様子**

① 〔サ　　〕は、〔シ　　〕の旗と太鼓を押し立てて敵の正面へ突撃した。敵が迎え撃ち、しばらく戦いが続いてから、〔ス　　〕と張耳は偽ってわざと味方の〔セ　　〕の軍のほうへ逃走した。

② 敵は予想どおり〔ソ　　〕を空にして追撃してきた。

③ 〔タ　　〕の軍は死にものぐるいで戦い、敵は韓信らをとり逃がし、〔チ　　〕へと戻ったが、そこにはすでに〔ツ　　〕が翻っており、驚いて逃げた。

④ 〔テ　　〕軍は、それを挟み撃ちにして破り、趙王〔ト　　〕を捕らえた。

諸将が勝利の祝賀にやってきて、〔ナ　　〕を〔ニ　　〕にした常識外れの布陣で勝った理由を尋ねた。韓信は、「兵は〔ヌ　　〕や〔ネ　　〕に置いてこそ、必死で戦うので生き残れる。」という兵法の言葉を述べた。諸将はみな〔ノ　　〕した。

## 語句・句法

知識・技能

**1** 次の語の読み（送り仮名を含む）と意味を調べなさい。

p.20

ℓ.4 ① 以ゐる 〔　　〕〔　　〕

ℓ.6 ② 従り 〔　　〕〔　　〕

ℓ.7 ③ 逐ふ 〔　　〕〔　　〕

④ 疾く 〔　　〕〔　　〕

ℓ.9 ⑤ 良 〔　　〕〔　　〕

**2** 次の文を書き下し文に改めなさい。

① 先生使ムニ子路ヲシテ問ハレ之ヲ。 〔　　〕

② 子張問フ、十世可ケンレ知ル也。 〔　　〕

③ 何ゾ及バンニ於我ニ一乎。 〔　　〕

④ 敢ヘテ不ランレ走ゲ乎。 〔　　〕

## 内容の理解

思考力・判断力・表現力

全体

**1** 「禦レ之。」（三〇・5）の「之」がさすものを答えなさい。

〔　　　〕

**2** 韓信は、「軽騎二千人」（三〇・5）を発進させるに当たり、敵にその存在を気づかせないために、どのようなことに注意したか。二点に分け、それぞれ十字以内で答えなさい。

**3** 漢軍の「背レ水陣」（三〇・8）を見た趙軍は、どのような気持ちになったと考えられるか。次から選びなさい。

ア　何か策略があるに違いないと警戒心を抱いた。
イ　逃げ場のない無謀な布陣をばかにして油断した。
ウ　決死の覚悟で戦うつもりなのだろうと緊張した。
エ　大したことのない平凡な戦法だと楽観視した。

〔　　　〕

**4** 韓信が、趙軍のねらいを自分に向けさせて城壁から誘い出すことを意図してとった行動を、本文中から七字と八字で抜き出しなさい。（訓点不要）

**5** 「水上軍皆殊死戦。」（三一・1）について、次の問いに答えなさい。

(1)「水上」の意味を、次から選びなさい。

ア　水面上　イ　川上　ウ　川辺　エ　水中

〔　　　〕

(2)「皆殊死戦」したのは、「水上」が兵たちにとってどのような場所であったからか。本文中から二つ抜き出しなさい。（訓点不要）

〔　　　〕〔　　　〕

全体

**6** 「夾撃」（三一・4）とは、どの軍とどの軍とで趙軍を挟み撃ちにしたのか。本文中の語句を用いて、二十字以内で説明しなさい。

**7** 「不レ曰下『陥二之死地一而後生、置二之亡地一而後存上』乎。」（三一・7）の意味するところを、次から選びなさい。 ▼脚問1

ア　兵は、助かる見込みのない場所に追い込み、死力を尽くさせてこそ生還させることができるということ。
イ　兵を、退くに退けない危険な状況に追い込んでしまうことによって、相手を油断させることができるということ。
ウ　兵が生還できるかどうかが予測できる安全な戦場などというのは、どこにも存在しないということ。
エ　兵が死地に赴くときに陥りやすい問題は、死に場所をここだと定めてしまい、生きようとしないことだということ。

〔　　　〕

**8** 「背水の陣で臨む」とは、どういう意味だと考えられるか。本文の内容をふまえて答えなさい。 ▼学習二

〔　　　〕

学習目標　本文の展開を的確に捉えるとともに、比喩にこめられた作者のものの考え方について理解する。

# 雑説

教科書 p.24 ～ p.25

検印

## 展開の把握

思考力・判断力・表現力　▼学習一

○次の空欄に適語を入れて、内容を整理しなさい。

| 第一段落<br>（初め ～ p.24 ℓ.3） | 第二段落<br>（p.24 ℓ.4 ～ p.24 ℓ.7） | 第三段落<br>（p.24 ℓ.8 ～ 終わり） |
|---|---|---|
| ア〔　　　〕の必要性 | 名馬には<br>ふさわしい待遇が必要 | キ〔　　　〕のいない<br>ことの嘆き |
| 馬の鑑定の名人がいてこそ、一日にイ〔　　　〕を走るような名馬が見いだされる。<br>しかし、馬の鑑定の名人はいつもいるとは限らない。才能を見いだされなかった名馬は、ウ〔　　　〕によって粗末に扱われ、名馬としてほめたたえられることはない。 | 名馬は、一食に穀物をエ〔　　　〕ほども食べることがある。<br>馬を飼う者　―　その馬が名馬であることを知らない。<br>　それほどの食糧を与えない。<br>食糧が不十分　→　オ〔　　　〕が出ず、才能が発揮されない。<br>並のカ〔　　　〕と同じ働きさえできない。 | 馬を飼う者　―　その馬が名馬であることを知らない。<br>馬をむち打つとき→名馬にふさわしい方法でむち打たない。<br>馬を飼うとき→名馬の才能を発揮させる飼い方をしない。<br>馬がク〔　　　〕くとき→名馬の心が理解できない。<br>馬を飼う者は、「名馬がいない。」と嘆くが、ケ〔　　　〕に名馬がいないわけではない。 |

## 語句・句法

知識・技能

**1** 次の語の読み（送り仮名を含む）と意味を調べなさい。

| | 語 | 読み | 意味 |
|---|---|---|---|
| p.24 ℓ.1 | ①而れども | 〔　　　〕 | 〔　　　〕 |
| ℓ.2 | ②祇だ | 〔　　　〕 | 〔　　　〕 |
| ℓ.4 | ③食ふ | 〔　　　〕 | 〔　　　〕 |
| ℓ.6 | ④飽く | 〔　　　〕 | 〔　　　〕 |
| p.25 ℓ.2 | ⑤嗚呼 | 〔　　　〕 | 〔　　　〕 |

**2** 次の文を書き下し文に改めなさい。

①家貧シクシテ不二常ニハ得レ油ヲ。〔　　　〕

②女（なんぢ）忘二レタル会稽之恥一ヲ邪。〔　　　〕

③但ダ聞二ク人語ノ響一ヲ。〔　　　〕

④匈奴不レ能レハ隠スコト。〔　　　〕

## 内容の理解

思考力・判断力・表現力

### 第一段落

**1** 「世有二伯楽一、然後有二千里馬一。」（三四・1）とは、どういうことか。次から選びなさい。

ア 伯楽がいても、その後に千里の馬が存在しなければ意味がない。
イ 千里の馬が登場するずっと前から、伯楽はすでに存在していた。
ウ 伯楽がいなければ、千里の馬は存在しないことになる。
エ 伯楽が登場する前から、伯楽はすでに存在していた。

〔　　〕

**2** 「伯楽不二常有一。」（三四・2）を「伯楽常不レ有。」とすると、どのような意味になるか、答えなさい。

〔　　〕

**3** 「不下以二千里一称上也。」（三四・3）とは、どういうことか。次から選びなさい。

ア 千里を走るという目標を果たさないで終わる。
イ 千里を走る自信を持てないままで終わる。
ウ 千里の馬ではないとひどくけなされてしまう。
エ 千里の馬としてほめたたえられないで終わる。

〔　　〕

### 第二段落

**4** 「粟一石」（三四・4）は、馬の一回の食事の量としてはどうなのか。次から選びなさい。

ア 多い　イ 普通　ウ 少ない　エ 非常に少ない

〔　　〕

**5** 「才美」（三四・6）と同じ意味で使われている語句を、本文中から五字以内で抜き出しなさい。

〔　　〕

### 第二段落

**6** 「不レ可レ得。」（三四・7）について、次の問いに答えなさい。

(1) 「不レ可レ得。」とは、どういうことか。次から選びなさい。

ア 千里の馬の能力を発揮することができない。
イ 並の馬ほどの働きをすることができない。
ウ 千里の馬ほどの食糧を得ることはない。
エ 並の馬ほどの食糧を得ることはない。

〔　　〕

(2) なぜ「不レ可レ得。」なのか。理由を三十字以内で書きなさい。

〔　　〕

### 第三段落

**7** ①「策レ之」（三四・8）、②「食レ之」（同）、③「鳴レ之」（同）の「之」はそれぞれ何をさすか。本文中から抜き出しなさい。（訓点不要）

①〔　　〕
②〔　　〕
③〔　　〕

**8** 「嗚呼、」（三五・2）は、誰の嘆きの言葉か。書きなさい。

〔　　〕

### 全体

**9** ①「伯楽」（三四・1）、②「千里馬」（同・1）、③「奴隷人」（同・2）、④「粟」（同・4）はそれぞれ何をたとえているか。次から選びなさい。 ▼学習二

ア 俸禄（ほうろく）　イ 名誉　ウ 有能な人材
エ 無能な人材　オ すぐれた為政者　カ 無能な為政者

①〔　　〕　②〔　　〕　③〔　　〕　④〔　　〕

**10** 筆者の主張を表している一文を本文中から抜き出しなさい。（返り点・送り仮名不要）

〔　　〕

**学習目標** 動物に託して描かれた話に込められた、作者の考える教訓を捉える。

# 黔之驢

教科書 p.26～p.27

検印

## 展開の把握

思考力・判断力・表現力

○次の空欄に適語を入れて、内容を整理しなさい。

| 第一段落（初め ～ p.26 ℓ.8） | 第二段落（p.27 ℓ.1 ～ 終わり） |
| --- | --- |
| 〔ア　〕には驢馬がいなかった。〔イ　〕な人が〔ウ　〕に載せて連れて来た。しかし〔エ　〕がないので山のふもとに放した。〔オ　〕が驢馬を見て、大変大きかったので、これは〔カ　〕かと思い、〔キ　〕の中に隠れて様子をうかがっていた。そのうち少しずつ〔ク　〕いて、用心深く見たが相手のことがよく〔ケ　〕。ある日驢馬が一声鳴いた。〔コ　〕は大変驚き、遠くへ逃げた。自分に〔サ　〕としているのだと思って、ひどく〔シ　〕た。しかし観察するうちに、特異な〔ス　〕はなさそうに見える。その〔セ　〕にもますます慣れて、近づいてみたが何もしない。ますます〔ソ　〕て〔タ　〕をぶつけたりした。驢馬は我慢できず、〔チ　〕を〔ツ　〕った。すると虎は喜んで、〔テ　〕はこれだけだと考えて跳びかかり、大声でほえて驢馬の〔ト　〕を食いちぎり、〔ナ　〕を食い尽くして去った。 | ああ、〔ニ　〕の大きいものは徳があるように見え、声の大きなものは〔ヌ　〕があるように見えるものだ。あのとき、驢馬が〔ネ　〕を出さなかったら、虎が獰猛(どうもう)だといっても、最後まで疑い〔ノ　〕て襲いかからなかっただろう。悲しいことだ。 |

## 語句・句法

知識・技能

**1** 次の語の読み(送り仮名を含む)と意味を調べなさい。

- p.26 ℓ.3 ①窺ふ 〔　　〕〔　　〕
- ②稍く 〔　　〕〔　　〕
- ℓ.4 ③遁る 〔　　〕〔　　〕
- ℓ.6 ④勝へず 〔　　〕〔　　〕
- p.27 ℓ.2 ⑤畏る 〔　　〕〔　　〕

**2** 次の文を書き下し文に改めなさい。

①昆弟妻(さい)嫂(そう)、側(そば)メテレ目ヲ不二敢ヘテ視一。
〔　　〕

②直ダ不ルニ百歩ナラ一耳。
〔　　〕

③噫、微(な)カリセバ二斯(こ)ノ人一吾誰ニか与セン。
〔　　〕

④我ト与レ汝有ルレ是レ夫。
〔　　〕

## 内容の理解

思考力・判断力・表現力

第一段落

1 「至則無レ可レ用。」（三六・1）について、次の問いに答えなさい。

(1) 「至」とはどこに至るのか、答えなさい。

〔　　　〕

(2) 「無レ可レ用」とはどういう意味か。十字以内で答えなさい。

2 「莫二相知一。」（三六・3）とはどういうことか。次から選びなさい。

ア どちらからも相手を知ろうとはたらきかけない。
イ お互いに相手のことを知らない。
ウ 相手のことがよくわからない。
エ お互い相手のことに興味がない。

〔　　　〕

3 「覚下無二異能一者上。」（三六・5）の意味を、次から選びなさい。

ア 特異な能力はなさそうに思えた。
イ 特異な能力はないと肝に銘じた。
ウ 特異な能力はないことを思い出した。
エ 特異な能力がなければいいと思った。

〔　　　〕

4 「不二敢搏一。」（三六・6）の意味を、次から選びなさい。

ア 驢馬は虎が怖くて全くつかみかかることはできなかった。
イ 驢馬は積極的に虎につかみかかろうとはしなかった。
ウ 虎は積極的に驢馬につかみかかろうとはしなかった。
エ 虎は驢馬が怖くて全くつかみかかることはできなかった。

〔　　　〕

5 「虎因喜」（三六・7）の理由を三十字以内で説明しなさい。

▼脚問1

第二段落

6 「類レ有レ徳」（三七・1）は驢馬と虎の話の中のどういう表現に相当するか。該当部分を三字で抜き出しなさい。

7 「其技」（三七・2）とは何か。次から選びなさい。

ア 跳踉　イ 蹄　ウ 鳴　エ 噬

〔　　　〕

8 「今若レ是焉。」（三七・2）の「是」は何をさすか。次から選びなさい。

▼脚問2

ア 驢馬が虎に食い殺されたこと。
イ 驢馬が虎を蹴ったこと。
ウ 驢馬が鳴いて虎を驚かせたこと。
エ 驢馬がその大きさで虎を圧倒したこと。

〔　　　〕

9 「悲夫。」（三七・3）には作者のどのような気持ちが込められているか。三十字以内で説明しなさい。

全体

10 この話から得られる教訓について説明した次の文章の空欄に、適当な語を補いなさい。

▼学習二

権勢を誇る〔①〕い相手に〔②〕を立てて自分の正体を見せてはいけない。正体を見せなければ、相手は得体が知れないと〔③〕を抱いたまま襲ってくることはないであろう。

①〔　　　〕②〔　　　〕③〔　　　〕

11 この文章の主題と同じような内容のことわざを、次から選びなさい。

ア 犬も歩けば棒にあたる。
イ 虎穴に入らずんば虎子を得ず。
ウ 捕らぬ狸（たぬき）の皮算用。
エ 雉（きじ）も鳴かずば打たれまい。

〔　　　〕

**学習目標** 技術の習熟について述べた文章を読んで、内容を理解し、作者の主張を捉える。

# 売油翁

教科書p.28～p.29

検印

## 展開の把握

思考力・判断力・表現力

○次の空欄に適語を入れて、内容を整理しなさい。

| 第一段落（初め～p.28 ℓ.2） | 第二段落（p.28 ℓ.3～p.28 ℓ.4） | 第三段落（p.28 ℓ.5～p.29 ℓ.2） | 第四段落（p.29 ℓ.3～終わり） |
|---|---|---|---|
| | | 陳康粛公と老人とのやりとり | 作者の論評 |
| 陳康粛公尭咨は〔ア　　〕の技術に秀で、当代に〔イ　　〕者がいなかった。公自身もそのことを〔ウ　　〕に思っていた。 | あるとき、家の畑の射場で矢を射ていたところ、〔エ　　〕の老人がやってきて、荷物を下ろして立ち止まり、長い間じっと見つめ、立ち去ろうとしなかった。老人は、公が矢を射て十本のうち〔オ　　〕・〔カ　　〕本を〔キ　　〕に命中させるのを見て、ただ少し〔ク　　〕だけであった。 | 陳康粛公「おまえも射術を知っているのか。私の射術は〔ケ　　〕正確だろう！」<br>老人「大したことではない。ただ〔コ　　〕しているだけだ。」<br>陳康粛公「おまえはどうして私の弓を〔サ　　〕にするのか？」<br>老人「私は、〔シ　　〕を酌んでいるのでわかるのだ。」<br>老人は一つの〔ス　　〕を取り出して地面に置き、〔セ　　〕でその口を覆って、ゆっくりと杓で〔ソ　　〕を酌んでたらした。油は銭の穴からひょうたんに入り、銭は〔タ　　〕。老人は、自分もただ〔チ　　〕しているだけだと言い、康粛は笑って彼を許した。 | このことは『〔ツ　　〕』の、「牛を解体し」、「車輪を削る」ことと同じだ。 |

## 語句・句法

知識・技能

**1** 次の語の読み（送り仮名を含む）と意味を調べなさい。

p.28 ℓ.1 ①善くす〔　　〕〔　　〕

ℓ.2 ②矜る〔　　〕〔　　〕

ℓ.4 ③中つ〔　　〕〔　　〕

ℓ.8 ④徐ろに〔　　〕〔　　〕

p.29 ℓ.3 ⑤所謂〔　　〕〔　　〕

**2** 次の文を書き下し文に改めなさい。

①但ダ聞ク㆓人語ノ響クヲ㆒。〔　　〕

②有リ㆑朋自リ㆓遠方㆒来タル。不㆓亦説バシカラ㆒乎。〔　　〕

③君安クンゾ与㆓項伯㆒有ル㆑故。〔　　〕

④何ゾ愛ヲシマンヤ㆓一牛ヲ㆒。〔　　〕

## 内容の理解

思考力・判断力・表現力

### 第一段落

**1** 「公亦以レ此自矜。」（二八・1）とあるが、「公」自身のこのような気持ちから発せられたと思われる一文を、本文中から抜き出しなさい。

〔　　　　〕

### 第二段落

**2** 「但微頷レ之。」（二八・4）における翁の気持ちを、次から選びなさい。 ▼脚問1

ア　康粛の名人芸に感心しきっている。
イ　康粛の鼻を明かしてやろうとたくらんでいる。
ウ　康粛の技量を一応は認めている。
エ　康粛の技量は大したことはないと思っている。

〔　　〕

### 第三段落

**3** 「吾射不二亦精一乎。」（二八・5）について、次の問いに答えなさい。

(1) ここでの「精」と同じ意味の「精」を含む熟語を、次から選びなさい。

ア　精神　イ　精霊　ウ　精気　エ　精鋭　〔　　〕

(2) 康粛は、翁からのどのような返答を期待したのか。次から選びなさい。

ア　本当にすばらしい弓矢の腕前だ。
イ　弓矢の腕前を競い合ってほしい。
ウ　名人の域にはまだ達していない。
エ　近い将来名人になれるだろう。

〔　　〕

**4** 「但手熟爾。」（二八・6）の意味を十五字以内で説明しなさい。

〔　　　　　　　　　　　　　　　〕

**5** 前問**4**の翁の言葉に対する康粛の気持ちについて説明した、次の文の空欄①〜④に、本文中の適語（いずれも一字）を補いなさい。 ▼学習一

自分の〔 ① 〕の技量を〔 ② 〕だと感心してもらえると思っていたのに、〔 ③ 〕に過ぎないと言われ、〔 ④ 〕く見られたことに怒りを覚えた。

①〔　〕②〔　〕③〔　〕④〔　〕

### 第三段落

**6** 「知レ之。」（二八・7）の「之」は、何をさしているか。本文中から四字で抜き出しなさい。

〔　　　　〕

**7** 「康粛笑而遣レ之。」（二九・1）について、次の問いに答えなさい。

(1) ここでの「笑」は、どのような笑いか。次から選びなさい。 ▼脚問3

ア　嘲笑　イ　爆笑　ウ　苦笑　エ　哄笑　〔　　〕

(2) 「之」は何をさしているか、答えなさい。

〔　　　〕

### 第四段落

**8** 「此」（二九・3）とは、何をさしているか、次から選びなさい。

ア　売油翁の言動。　イ　康粛の怒り。
ウ　康粛と売油翁との出会い。　エ　康粛の言動。

〔　　〕

### 全体

**9** 新傾向 全体を通しての康粛の心境の変化を、次のように図で表わした。空欄①〜③に入る言葉を、あとから選びなさい。

| 陳康粛公の心境 | 老人の発言 |
|---|---|
| 〔 ① 〕 | |
| ↑ | 「無レ他。但手熟爾。」 |
| 〔 ② 〕 | |
| ↑ | 「我亦無レ他。惟手熟爾。」 |
| 〔 ③ 〕 | |

ア　悔恨　イ　得意　ウ　納得　エ　憎悪　オ　卑下
カ　落胆　キ　憤慨

①〔　　〕②〔　　〕③〔　　〕

**10** 作者が、この文章によって主張していることを説明した、次の文の空欄①・②に入る適当な語を、それぞれ二字で答えなさい。 ▼学習二

〔 ① 〕に〔 ② 〕すると〔 ① 〕を超越した境地に至るということ。

①〔　　〕②〔　　〕

**学習目標** 登場人物の描写を読み解くことを通して、戦乱の時代を生きた人々の人物像を捉える。

# 鴻門之会

教科書 p.32〜p.40

検印

## 展開の把握

思考力・判断力・表現力 ▼学習一

○次の空欄に適語を入れて、内容を整理しなさい。

| | | |
|---|---|---|
| 項羽、大いに怒る | （初め〜p.32 ℓ.6） | 〔ア　　〕の率いる楚軍は秦の地を攻め下して〔イ　　〕に到着したが、関所は封鎖されていた。さらに、〔ウ　　〕が咸陽を攻め破ったと聞き、〔エ　　〕は大いに怒り、当陽君らに関所を攻撃させた。 |
| | （p.32 ℓ.7〜p.33 ℓ.2） | 〔オ　　〕の密告 ／ 沛公が〔カ　　〕の地で王になろうとしているという密告を聞き、項羽は〔キ　　〕を討つ決意をする。 |
| | （p.33 ℓ.3〜p.33 ℓ.7） | 〔ク　　〕の忠告 ／ 沛公には今や天下を取る〔ケ　　〕が感じられ、また沛公の上に立ちのぼる〔コ　　〕からは、天下を取る資格もうかがえると、同じく天下統一をねらう〔サ　　〕に沛公を取り逃がすなと説く。 |
| 剣の舞 | （p.34 ℓ.1〜p.34 ℓ.9） | 〔シ　　〕の謝罪 ／ 〔ス　　〕に陣する項羽を訪れ、敵対する意思のないことを告げる。それを聞き、項羽は心を和らげた。 |
| | （p.34 ℓ.10〜p.35 ℓ.2） | 〔セ　　〕の合図 ／ 酒宴の最中、〔ソ　　〕は〔タ　　〕に沛公を殺すよう何度も合図を送るが、〔チ　　〕は応じない。 |
| | （p.35 ℓ.3〜p.35 ℓ.11） | 〔ツ　　〕と項伯の剣舞 ／ 〔テ　　〕は〔ト　　〕を呼び、剣舞を装い沛公を撃たせようとするが、項伯が沛公をかばった。 |

## 語句・句法

知識・技能

1 次の語の読み（送り仮名を含む）と意味を調べなさい。

| 箇所 | 語 | 読み | 意味 |
|---|---|---|---|
| p.32 ℓ.3 | ①又 | | |
| ℓ.6 | ②遂に | | |
| p.34 ℓ.7 | ③今者 | | |
| ℓ.10 | ④因りて | | |
| | ⑤与に | | |
| p.35 ℓ.3 | ⑥人と為り | | |
| | ⑦若 | | |
| ℓ.5 | ⑧不者ずんば | | |
| ℓ.8 | ⑨請ふ | | |
| p.37 ℓ.7 | ⑩故らに | | |
| p.38 ℓ.4 | ⑪方に | | |
| p.39 ℓ.2 | ⑫乃ち | | |

| 場面 | 範囲 | 小見出し | 内容 |
| --- | --- | --- | --- |
| 樊噲、頭髪上指す | (p.36 ℓ.1 ～ p.36 ℓ.6) | 張良と樊噲の話 | 危険を察した〔ナ　　〕は、軍門の外で待つ樊噲を呼びに行く。樊噲は〔ニ　　〕を救おうと剣と盾を持ち、遮る番兵を突き倒す。 |
| | (p.36 ℓ.7 ～ p.37 ℓ.1) | 樊噲の気迫 | 宴席に躍り込んだ樊噲は〔ヌ　　〕をにらみつけ、気迫で圧倒する。 |
| | (p.37 ℓ.2 ～ p.37 ℓ.11) | 〔ネ　　〕の熱弁 | 樊噲は、沛公が一番に秦を破って〔ノ　　〕を陥落させるという手柄を立てたのに、報償を与えられないばかりか殺されそうになるのは理に合わないと熱弁をふるう。〔ハ　　〕は折をみて樊噲と座をはずした。 |
| 沛公、虎口を脱す | (p.38 ℓ.1 ～ p.38 ℓ.5) | 沛公と樊噲の相談 | 〔ヒ　　〕は別れの挨拶をせずに去ることを気にかけるが、樊噲から〔フ　　〕の前の小事であるとたしなめられる。 |
| | (p.38 ℓ.6 ～ p.38 ℓ.8) | 後事の依頼 | 樊噲の意見を聞き入れた沛公は、そのまま脱出することにし、後事を〔ヘ　　〕に託す。 |
| | (p.38 ℓ.9 ～ p.39 ℓ.2) | 沛公の脱出 | 沛公は〔ホ　　〕も騎兵も残したまま、身一つで自陣のある〔マ　　〕まで逃げ帰る。 |
| | (p.39 ℓ.3 ～ p.39 ℓ.10) | 范増の激怒 | 張良は沛公の去ったことを告げ、項羽と〔ミ　　〕に贈り物を献上する。項羽は璧を受け取るが、〔ム　　〕は贈られた玉斗を剣で割って悔しさを表した。 |
| | (p.39 ℓ.10 ～ 終わり) | 脱出後の沛公 | 沛公は陣に帰ると、裏切った〔メ　　〕を殺した。 |

**2** 次の文を書き下し文に改めなさい。

①王大イニ怒リ、使メントス三人ヲシテ殺サ二中射之士ヲ一。
〔　　　　〕

②未ダレ解セレ憶おもフヲ二長安ヲ一。
〔　　　　〕

③己ノ所ハレ不ルレ欲セ、勿カレレ施スコト二於人ニ一。
〔　　　　〕

④何ヲ以ツテ知ル二其ノ然ルヲ一邪や。
〔　　　　〕

⑤嘗テ遊ビレ楚ニ、為ル二楚ノ相ノ所ト一レ辱ムル。
〔　　　　〕

⑥死馬スラ且ツ買フレ之ヲ。況いはンヤ生ケル者ヲ乎や。
〔　　　　〕

⑦牛安クニカ之ゆク。
〔　　　　〕

## 内容の理解

思考力・判断力・表現力

**1** 「有レ兵守レ関、不レ得レ入。」（三三・3）について、次の問いに答えなさい。

(1)「兵」とは誰の兵か。書きなさい。〔　　〕

(2)「不レ得レ入。」の主語は誰か。書きなさい。〔　　〕

**2** 「左司馬曹無傷」（三三・7）は、なぜ主君である沛公の悪口を項羽の耳に入れたのか。その理由を、次から選びなさい。 ▼脚問1

ア　沛公のやり方があまりに残忍で、家臣として耐えられないから。

イ　項羽が天下をとると予想し、将来重用されようとしたから。

ウ　曹無傷と子嬰はライバルであり、子嬰を失脚させようとしたから。

エ　沛公のつらい仕打ちに耐えかねて、主君を変えようとしたから。

〔　　〕

**3** 「財物……所レ幸。」（三三・5〜6）について、次の問いに答えなさい。

(1)対照的な表現を教科書三三ページから八字以内で抜き出しなさい。（訓点不要）

(2)沛公の態度が以前と変わったことを、范増はどのように捉えているか。次から選びなさい。

ア　沛公は、自分の忠告を受け入れようとしている。

イ　沛公は、以前の自分の行動を深く反省している。

ウ　沛公は欲望を捨て去り、隠者となるつもりである。

エ　沛公は、天下をねらう大きな志を持っている。

〔　　〕

**4** 「竜虎」（三三・7）とは、何の象徴か。本文中から一語で抜き出しなさい。〔　　〕



**5** 「臣」（三四・3）、「将軍」（同・4）とは、それぞれ誰のことか、答えなさい。

臣〔　　〕　将軍〔　　〕

**6** ①「不レ然、」（三四・9）の「然」、②「至レ此。」（同）の「此」は何をさすか。それぞれ次から選びなさい。

ア　沛公が咸陽を攻め破ったこと。

イ　項羽が沛公を討とうとしたこと。

ウ　曹無傷が項羽に密告したこと。

エ　沛公が項羽に反旗を翻したこと。

①〔　　〕　②〔　　〕

**7** 新傾向　「項王」（三四・10）以下の席の位置はどのようか。左の図の①〜④にあたる人名を書きなさい。 ▼脚問3

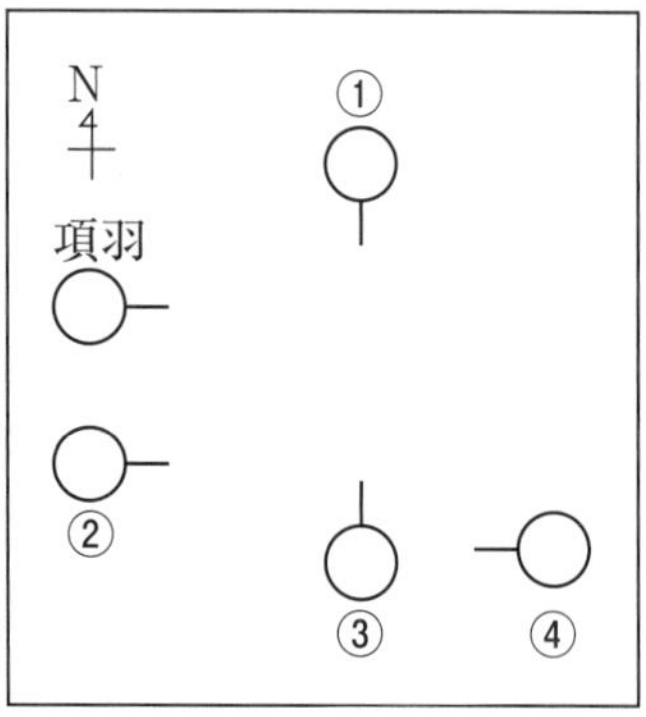


①〔　　〕　②〔　　〕　③〔　　〕　④〔　　〕

**8** ①「項荘」（三五・8）と②「項伯」（同・9）は同じように剣を持って舞っているが、それぞれの剣舞の意図は何か。次から選びなさい。

ア　自分の体を盾にして、沛公の命を守るため。

イ　項羽と和解した沛公を盛大に歓待するため。

ウ　沛公に近づいて、沛公を暗殺するため。

エ　項羽に指図する范増を暗殺するため。

①〔　　〕　②〔　　〕

**9** ①「其意」（三六・3）の「其」、②「与レ之」（同・4）の「之」は、それ

## 樊噲、頭髪上指す

10 「頭髪上指」（三六・7）と同様の心情を表した言葉を四字で抜き出しなさい。（訓点不要）

①〔　　〕②〔　　〕

11 「虎狼之心」（三七・3）とはどのような心か。次から選びなさい。

ア 勇猛な心　イ ずる賢い心
ウ 利己的な心　エ 残忍な心

12 ①「大王」（三七・7）、②「有功之人」（同・9）とは誰のことか。また、③「細説」（同・9）とは誰の発言をこう言ったのか。答えなさい。

①〔　　〕②〔　　〕③〔　　〕

13 「此亡秦之続耳。」（三七・9）について、次の問いに答えなさい。

(1)「此」の内容を端的に表現した部分を、本文中から七字以内で抜き出しなさい。（訓点不要）

(2)樊噲はどのようなことを言おうとしているのか。次から選びなさい。 ▼学習四

ア 滅んだ秦の二の舞になると項羽を非難している。
イ 秦を越えることはできないと不満を表している。
ウ 項羽に対して秦を滅ぼす良策を進言している。
エ 秦より強大な国を作ってほしいと希望している。

〔　　〕

14 「大行不レ顧二細謹一」（三八・3）の①「大行」、②「細謹」は何にあたるか。それぞれ次から選びなさい。

ア 別れの挨拶をすること。　イ 項羽と同盟を結ぶこと。
ウ 天下を統一すること。　エ 項羽を打ち倒すこと。

①〔　　〕②〔　　〕

## 沛公、虎口を脱す

15 「何辞為。」（三八・5）は倒置形である。白文で普通の語順に改めなさい。（返り点・送り仮名不要）

16 ①「大将軍」（三九・5）、②「豎子」（同・8）、③「之」（同・10）は、それぞれ誰をさしているか、答えなさい。

①〔　　〕②〔　　〕③〔　　〕

17 亜父が「抜レ剣撞而破レ之」（三九・8）した理由を次から選びなさい。

ア 土産を献上する張良の態度が気にくわなかったから。
イ 項羽への土産より自分への土産の価値が低かったから。
ウ 厠に行った沛公が、そのまま宴席に戻らなかったから。
エ 項羽が自分の意見を聞かず、沛公を取り逃がしたから。

〔　　〕

18 亜父が「不レ足二与謀一。」（三九・9）と言った理由を次から選びなさい。

ア 項羽が虎狼の心を持つから。　イ 項羽の決断が甘いから。
ウ 沛公が無礼な行いをしたから。　エ 項羽が無能だから。

〔　　〕

## 全体

19 「鴻門之会」で①項羽、②沛公はどのような人物として描かれているか。それぞれ次から選びなさい。 ▼学習六

ア 単純で激しやすく、情勢を判断する力が弱い人物。
イ 部下の意見も聞き、情勢を判断する力を持つ人物。
ウ 強い武力を持ち、部下に対してやさしく接する人物。
エ 独断専行で、部下の意見を聞かない人物。

①〔　　〕②〔　　〕

**学習目標** 追い詰められていく項王の心境を読み取る。

# 四面楚歌

教科書 p.41～p.45

検印

## 展開の把握

思考力・判断力・表現力

○次の空欄に適語を入れて、内容を整理しなさい。

| 時　利あらず<br>（初め ～ p.42 ℓ.4） | （p.42 ℓ.5 ～ p.43 ℓ.6） | 項王の最期<br>（p.44 ℓ.1 ～ p.44 ℓ.10） | （p.44 ℓ.11 ～ 終わり） |
|---|---|---|---|
| 垓下の城中 | 最後の酒宴 | ク〔　　　〕との会話 | 項羽の自刎 |
| 〔ア　　〕の会から四年、〔イ　　〕の率いる楚軍は垓下に追い詰められ、漢軍と〔ウ　　〕の兵にすっかり包囲された。夜になると、漢軍から〔エ　　〕の地方の歌が聞こえてきたので〔オ　　〕は驚愕（きょうがく）し、自らの敗北を深く自覚した。 | 夜中に、項羽は最後の酒宴を開く。自ら〔カ　　〕を作り、こたえて〔キ　　〕も歌った。これは項羽の辞世の歌となる。項羽は涙を流し、そばについている家来たちも皆泣いた。 | 項羽は部下とともに垓下を脱出し、〔ケ　　〕にたどり着く。〔コ　　〕が船を用意していて、項羽に故郷の〔サ　　〕に逃れるよう勧める。しかし、項羽は自分だけが生きて帰ることを恥じ、亭長に愛馬〔シ　　〕を贈り、亭長の厚意を辞退した。 | 項羽は僅かな部下とともに、〔ス　　〕に対して接近戦を挑む。奮戦するが、項羽も傷を負った。昔なじみの〔セ　　〕が漢軍に参加していることに気づいた項羽は、せめて報奨を旧友にやろうと、自ら〔ソ　　〕を切り、死んだ。 |

## 語句・句法

知識・技能

**1** 次の語の読み（送り仮名を含む）と意味を調べなさい。

| | | | |
|---|---|---|---|
| p.42 ℓ.5 | ① 幸す | 〔　　〕 | 〔　　〕 |
| p.43 ℓ.5 | ② 左右 | 〔　　〕 | 〔　　〕 |
| ℓ.6 | ③ 莫し | 〔　　〕 | 〔　　〕 |
| p.44 ℓ.7 | ④ 縦ひ | 〔　　〕 | 〔　　〕 |
| p.45 ℓ.4 | ⑤ 為に | 〔　　〕 | 〔　　〕 |

**2** 次の文を書き下し文に改めなさい。

① 怠惰之冬日ハ、何ゾ其レ長キ也。
〔　　　　〕

② 少壮幾時ゾ兮奈㆑老イヲ何セン。
〔　　　　〕

③ 今人ハ独リ知ルノミ㆑愛スルヲ㆓其ノ身ヲ㆒。
〔　　　　〕

④ 独リ畏レン㆓廉将軍ヲ㆒哉。
〔　　　　〕

## 内容の理解

思考力・判断力・表現力

**1**「囲レ之」（四・3）の「之」は何をさすか。本文中の語句を抜き出しなさい。（訓点不要）

〔　　〕

**2**「是何楚人之多也。」（四・4）から項羽の驚きと落胆がうかがえるが、それは何に起因する心情か。次から選びなさい。

ア　楚人は大勢いるのに全く役に立たないこと。
イ　信頼していた楚人に裏切られてしまったこと。
ウ　沛公の率いる漢軍が大勢で攻めてきたこと。
エ　楚人が王である項羽の顔を知らなかったこと。

〔　　〕

**3**「項王則夜起飲二帳中一。」（四・5）は、何をするためか。次から選びなさい。

ア　虞美人や側近を交えて決別の宴を催すため。
イ　沛公や楚人と和睦を結ぶ会合を開くため。
ウ　脱出路を探る偵察部隊を出陣させるため。
エ　高ぶった神経を静めて決戦に備えるため。

〔　　〕

**4**項羽の詩（四・1〜4）について、次の問いに答えなさい。

(1)第一句から生まれた成語「抜山蓋世」の意味を次から選びなさい。

ア　天下を武力で治めてゆくこと。　イ　運命に翻弄されること。
ウ　力も気力も抜きんでて強いこと。　エ　人徳で世を治めること。

〔　　〕

(2)項羽は自分の敗北の原因は何だと考えているか。詩中から三字以内で抜き出しなさい。（訓点不要）

〔　　〕



**5**「亦足レ王也。」（四・4）の意味として適当なものを、次から選びなさい。

ア　もう一度王としての満足感を味わえます。
イ　この地にも王にふさわしい人材が多くいます。
ウ　王になる人材が不足していつも困っています。
エ　この地も同様に王になるのに十分な場所です。

〔　　〕

**6**「項王笑曰、」（四・5）の「笑」とはどのような笑いか。次から選びなさい。　脚問3

ア　漢軍に対して自分の力を誇示する高笑い。
イ　江東の父兄に対して軽蔑を表した冷笑。
ウ　運命に対する自嘲めいた諦めの笑い。
エ　大勢で自分を追う漢軍をばかにする笑い。

〔　　〕

**7**「縦彼不レ言、」（四・7）とは、①誰が、②どのようなことについて「不レ言」というのか。本文中からそれぞれ四字で抜き出しなさい。（訓点不要）

①〔　　〕
②〔　　〕

**8** 新傾向　項王が江東に渡ろうとしなかったのは、どのような思いからか。次の条件に従って書きなさい。　学習二

（条件）・項王になったつもりで「自分」という言葉を使って書くこと。
・思いを二つ、それぞれ三十字以内で書くこと。

〔　　〕
〔　　〕



**9**「四面楚歌」の現在使われている意味を書きなさい。

〔　　〕

学習目標　漢詩の表現や技法への理解を深め、古代中国の人々が自然や人事に向けた思いを捉える。

# 中国の詩

教科書 p.48～p.51

検印

## 要点の整理

思考力・判断力・表現力

○次の空欄に適語を入れて、各詩の大意を整理しなさい。

| 独坐敬亭山 | 秋風引 | 九月九日憶山東兄弟 |
|---|---|---|
| たくさんいた〔ア　　〕は高く飛んでいなくなってしまい、ぽつんと浮かんでいた〔イ　　〕も流れ去って、あたりは静かである。たがいに見つめあったままで見飽きることのないのは、〔ウ　　〕だけである。 | どこから吹いてくるのか、〔エ　　〕が訪れた。サアーッサアーッと寂しい音をたてて〔オ　　〕の群れを連れて来た。秋風は今日の〔カ　　〕に庭の〔キ　　〕に入り、孤独な〔ク　　〕が誰よりも先にそれを聞きつけた。 | 九月九日は、〔ケ　　〕の節句である。都である〔コ　　〕はいつにも増してにぎやかで、佳節を祝う家族連れの姿もよく見かけられる。故郷から遠く離れた私は、孤独を強く感じ、親兄弟のことを思う。今ごろ、兄弟たちは〔サ　　〕ところに登り、髪に〔シ　　〕を挿して、家族が〔ス　　〕足りないまま過ごしていることだろう。 |
| ①〔　　〕②〔　　〕③〔　　〕 | ①〔　　〕②〔　　〕③〔　　〕 | ①〔　　〕②〔　　〕③〔　　〕 |

○各詩について、①詩の形式、②押韻している字、③対句（「第何句と第何句」というように句数で記しなさい。対句のない場合は「なし」と記しなさい。）を整理しなさい。

### 磧中作

〔セ　〕を走らせて〔ソ　〕に向かって旅を続けていると、〔タ　〕にまで届きそうになる。〔チ　〕を出発してからすでに二度も月が円くなるのを見た。今夜はどこに〔ツ　〕をとればいいのかわからない。一万里にわたる平坦(たん)な荒涼とした砂漠には、人の暮らしを知らせる〔テ　〕がどこにも見当たらず、心細くなる。

① 〔　　〕 ② 〔　　〕 ③ 〔　　〕

### 除夜寄弟妹

旅先で大みそかの〔ト　〕に故郷の弟や妹のことを思うと、寝つかれず〔ナ　〕事が湧いてくる。彼らとは遠く離れて〔ニ　〕たつが、一本のともしびを前にして感慨深い。〔ヌ　〕でやつれた私は以前の姿ではなく、正月を前に〔ネ　〕に帰りたい思いは募る。そのうち楽しいだんらんをしたいが、それまで私は旅の身だから、おまえたちはそれぞれ〔ノ　〕してくれ。

① 〔　　〕 ② 〔　　〕 ③ 〔　　〕

### 江村

澄んだ川の水が一曲がりして〔ハ　〕を抱きかかえるように流れ、日の長い〔ヒ　〕にこの川辺の〔フ　〕は静かに落ち着いている。梁の上に巣を作った〔ヘ　〕は気ままに出入りしているし、水の中に浮かぶ〔ホ　〕は私になれて近寄ってくる。老妻は〔マ　〕を作り、子供は〔ミ　〕を作っている。病気がちの私に必要なものはただ〔ム　〕だけだ。

① 〔　　〕 ② 〔　　〕 ③ 〔　　〕

## 内容の理解

思考力・判断力・表現力

### 独坐敬亭山

**1** 「独坐敬亭山」詩について、次の問いに答えなさい。

(1) 第一・二句は、何を描写したものか。次から選びなさい。〔　　〕

ア 敬亭山で作者が見た風景。　イ 高所から見た町の様子。
ウ 都で感じた季節の変化。　エ 敬亭山の自然の厳しさ。

(2) 「敬亭山」（四八・4）の様子を表している語を、詩中から抜き出しなさい。〔　　〕

(3) この詩によまれている作者の心情を、次から選びなさい。〔　　〕

ア 旅先での望郷の思い。　イ 友人と離れた孤独感。
ウ 自然に没入する喜び。　エ 妻を懐かしむ気持ち。

### 秋風引

**2** 「秋風引」詩について、次の問いに答えなさい。

(1) 秋の訪れを表している語句を、詩中から二つ抜き出しなさい。〔　　〕〔　　〕

(2) 「雁群」（四八・6）と対応している語句を詩中から二字で抜き出しなさい。

(3) 「最先聞」（四八・7）からは、どのような心情がうかがえるか。次から選びなさい。▶学習二 〔　　〕

ア 秋の到来を喜ぶ気持ち。　イ 去りゆく秋を惜しむ気持ち。
ウ 朝廷からの来客を喜ぶ気持ち。　エ 誰よりも強い孤独と憂愁。

### 九月九日憶山東兄弟

**3** 「九月九日憶山東兄弟」詩について、次の問いに答えなさい。

(1) 「九月九日」（四九・1）の重陽の節句に関係のある語句を、詩中から三つ、それぞれ漢字二字で抜き出しなさい。（訓点不要）

(2) 「異郷」・「異客」（四九・2）のような「異」字の繰り返しは、どのような効果を挙げているか。次から選びなさい。〔　　〕

ア 疎外感の表現。　イ 無常観の説明。
ウ 反抗心の表現。　エ 孤独感の強調。

(3) 「異客」（四九・2）とは、誰のことか。書きなさい。〔　　〕

(4) 「倍思親」（四九・2）とあるが、その理由を次から選びなさい。〔　　〕

ア 故郷を離れると親のありがたさがよくわかるから。
イ 山にも登れなくなった親のことが心配だから。
ウ 佳節には、楽しそうな家族の姿を見かけるから。
エ 旅先で母に似た人と出会ったから。

(5) この詩からうかがえる作者の心情を、二十字以内で書きなさい。

### 磧中作

**4** 「磧中作」詩について、次の問いに答えなさい。

(1) 第一・二句は、どのように構成されているか。次から選びなさい。〔　　〕

ア 第一句では新生活に対する期待を、第二句では残した家族への思いを表している。
イ 第一句では家からの距離的な遠さを、第二句では家を出発してからの時間的な長さを表現している。
ウ 第一句・第二句ともに大自然の過酷さと雄大さを表現している。
エ 第一句・第二句ともに人間の営みの小ささと、創造主の偉大さを対比している。

ア　出発してから二か月がたったこと。
イ　二晩続けて満月を見たということ。
ウ　涙で月が二重に見えたということ。
エ　満月の周囲に光の輪が二つできたということ。
〔　　〕

(3)「人煙」(四九・7)とは、何か。次から選びなさい。
ア　連絡用に兵士があげるのろし。
イ　異民族の戦闘の合図の煙。
ウ　隊商の人々が巻き上げる砂煙。
エ　人家で食事の支度をする煙。
〔　　〕

(4) 第四句に込められた心情を、十五字以内で書きなさい。



**5**「除夜寄㆓弟妹㆒」詩について、次の問いに答えなさい。

(1)「不㆑寝百憂生」(五〇・3)の理由を表している部分を詩中から抜き出しなさい。(訓点不要)
〔　　〕

(2)「此夜情」(五〇・4)とは、どのようなものか。次から選びなさい。
ア　幼い弟や妹のことを心配しての望郷の念。
イ　病気のため容貌が変わってしまった悲しみと望郷の念。
ウ　病気と貧困で苦しい旅を続ける悲しみと望郷の念。
エ　幼い弟や妹を置き去りにした自責の念。
〔　　〕

(3)「早晩重歓会」(五〇・6)とは、どういう意味か。次から選びなさい。
ア　そのうちに再び楽しくだんらんしたいものだ。
イ　そのうちに何回も楽しいだんらんができるだろう。
ウ　そのうちに再び歓迎会をしたいものだ。
エ　そのうちに何回も歓迎会はできるだろう。
〔　　〕



(4)「各長成」(五〇・6)とは、誰がどうすることか。二十字以内で答えなさい。



**6**「江村」詩について、次の問いに答えなさい。

(1) 詩題の「江村」とは、どういう意味か。最もよく説明されている部分を詩中から抜き出しなさい。(訓点不要)
〔　　〕

(2)「相親相近水中鷗」(五一・1)とあるが、なぜか。次から選びなさい。
ア　鷗をひなのころから飼育しているから。
イ　鷗は人なつこい性質の鳥であるから。
ウ　作者が無心で悪意がないから。
エ　作者のそばにいる子供に興味があるから。
〔　　〕

(3)「微軀此外更何求」(五一・5)について、次の問いに答えなさい。

①「微軀」とは、何をさすか。書きなさい。
〔　　〕

②「此」とは何をさすか。詩中の語で答えなさい。
〔　　〕 ▼脚問3

③「何求」のように言う理由は何か。次から選びなさい。
ア　これ以上求めることができないほど貧しいから。
イ　静かで平和な村での生活に妥協しているから。
ウ　これ以上求める体力・気力がないから。
エ　静かで平和な村での生活を喜んでいるから。
〔　　〕 ▼学習二

学習目標　日本の各時代の作者が漢詩に託した自然や人事に対する思いを捉える。

# 日本の詩

教科書p.54～p.55

検印

## 要点の整理

思考力・判断力・表現力

○次の空欄に適語を入れて、各詩の大意を整理しなさい。

| 不出門 | 冬夜読書 | 送夏目漱石之伊予 |
|---|---|---|
| 右大臣から〔ア　〕権帥に左遷されて以来、私は粗末な住まいにいる。〔イ　〕に値する罪に恐れおののき、身の置きどころもない。都督府の正面にある高楼はやっと〔ウ　〕の色が見えるが、観世音寺はただその〔エ　〕の音に耳を傾けるしかない。胸中の思いは、〔オ　〕が消えるのを追いかけようというものであり、外側の世界に対しては、〔カ　〕が迎えるように対処しようと思っている。この土地で手を縛られてつながれているわけではないが、僅かな距離であっても〔キ　〕を出て行くことはできない。 | 〔ク　〕は山の草庵を懐に抱くように降り、樹木の〔ケ　〕は深い。軒につるした風鈴は動かず、〔コ　〕は深々と更けていく。散らかした書物を静かにかたづけて意味のよくわからない箇所を考える。一本の青い〔サ　〕が遠い昔の人の心を照らし出す。 | 行きなさい、〔シ　〕里のかなたの松山へ。〔ス　〕を見送ると夕暮れの寒さが身にしみる。汽車で東海道を下ると空には富士山がかかっているだろうし、汽船で瀬戸内海を行けば海の果てに大きな波がわき起こるだろう。〔セ　〕では友人はほとんどおらず、いたずらっ子を教育するのは難しいだろう。〔ソ　〕節に再会できることを期待している。遅咲きの桜が散ってしまうので、遅れてはいけない。 |

○各詩について、①詩の形式、②押韻している字、③対句（「第何句と第何句」というように句数で記しなさい。対句のない場合は「なし」と記しなさい。）を整理しなさい。

| 不出門 | 冬夜読書 | 送夏目漱石之伊予 |
|---|---|---|
| ①〔　〕 ②〔　〕 ③〔　〕 | ①〔　〕 ②〔　〕 ③〔　〕 | ①〔　〕 ②〔　〕 ③〔　〕 |

## 内容の理解

思考力・判断力・表現力

### 不出門

**1** 「不レ出レ門」詩について、次の問いに答えなさい。

(1) なぜ、作者は大宰府にいるのか。その理由を表した言葉を詩中から二字で抜き出しなさい。（訓点不要）

〔　　〕

(2) 「只聴二鐘声一」（五四・3）なのは、なぜか。十字程度で答えなさい。

〔　　〕

(3) 新傾向 生徒たちがこの詩を読んで感想を述べあっている。詩の内容を正しく捉えている生徒の発言をすべて選びなさい。

生徒A：この詩からは、作者が左遷された先で謹慎しているときの心情がよくわかるね。自ら外出を控えているのは、その処分を受け入れているということだと思うよ。

生徒B：この詩からは、作者が家族と離れて左遷されているときの悲しみがよくわかるね。外出できない状況だと、外の世界が満月のように満ち足りたものに思えるのは当然だよね。

生徒C：この詩からは、罪の重さに恐れおののき、ひっそりと生きていこうという作者の決意がわかるね。謹慎中でも不平不満を言わないように過ごすなんて、自分にはできないな。

生徒D：この詩には作者が左遷された先での優雅な生活の様子が描かれているね。外出はできないものの、観音寺の鐘を聴くことで心が落ち着く。作者はこの状況に満足しているんだね。

生徒〔　　〕

### 冬夜読書

**2** 「冬夜読書」詩について、次の問いに答えなさい。

(1) 「夜沈沈」（五四・8）とは、どういう意味か。次から選びなさい。

ア 夜の闇がますます濃くなっていく。
イ 夜の不気味さがあたりを支配する。
ウ 夜がしんしんと更けていく。
エ 夜の寒さが体にこたえる。

〔　　〕

(2) 「一穂青灯」（五五・1）と対応する語句を、詩中から三字で抜き出しなさい。（訓点不要）

〔　　〕

(3) この詩の主題は、何か。次から選びなさい。

ア 雪深い山堂で、ひとり静かに詩作に打ち込む楽しさ。
イ 読書して、遠い昔の聖人や賢人の精神に触れる喜び。
ウ 白い雪と黒い樹影、そして青い灯火の織り成す美しさ。
エ 勉学に励んで、世間で頭角を現したいという願望。

〔　　〕

### 送夏目漱石之伊予

**3** 「送三夏目漱石之二伊予一」詩について、次の問いに答えなさい。

(1) 「三千里」（五五・4）とは、どこからどこまでの距離が遠いことを表しているのか。都道府県名を書きなさい。

〔　　〕から〔　　〕まで

(2) 「生二暮寒一」（五五・4）には、どのような気持ちが込められているか。次から選びなさい。 ▼脚問2

ア 病気がちな自分に対する不安。
イ 遠く旅立つ友人に向けた激励。
ウ 出征する兵士に向けた励まし。
エ 遠く旅立つ友人を送る寂しさ。

〔　　〕

(3) 「莫レ後」（五五・7）とは、何に遅れるなというのか。次の空欄を補って答えなさい。

〔　　〕のころに行う〔　　〕

**学習目標**　七夕伝説の由来の一つとなった説話を読み、古代中国の人々の孝行に対する考え方を捉える。

# 織女

教科書 p.58～p.59

検印

## 展開の把握　思考力・判断力・表現力

○次の空欄に適語を入れて、内容を整理しなさい。

| 第一段落（初め～p.58 ℓ.3） | 第二段落（p.58 ℓ.4～p.58 ℓ.5） | 第三段落（p.58 ℓ.6～p.59 ℓ.1） | 第四段落（p.59 ℓ.2～終わり） |
|---|---|---|---|
| 孝行息子 | 不思議な女性 | 董永の願い | 女性の正体 |
| 〔ア　　〕の時代の董永は、小さいときに〔イ　　〕を亡くし、父といっしょに住み、父を大切にしていた。父が死んだとき、貧しくて〔ウ　　〕をすることができなかった。そこで董永は自分を奴隷として売り、〔エ　　〕の費用に当てようとした。主人は董永に〔オ　　〕を与えて、家に帰した。 | 董永は〔カ　　〕間の喪に服し終わると、主人の元に帰って奴隷の仕事をしようとした。主人の家に行く途中で一人の女性に出会った。その女性は董永に「どうか〔キ　　〕の妻にしてください。」と言った。 | 主人は「銭はあなたにあげたのだ。」と言ったが、董永は「あなたの恵みを受けて父の葬礼ができました。厚い〔ク　　〕に報いたいのです。」と言った。主人は董永の妻が〔ケ　　〕がうまいと聞いて、「それならばあなたの奥さんに、私のために〔コ　　〕を百疋織らせてください。」と言った。 | 董永の妻は〔サ　　〕で織り上げた。妻は董永に「私は天の〔シ　　〕です。あなたが孝行なので〔ス　　〕が借金を返済させるよう私に命ぜられたのです。」と言い、空へ舞い上がり、どこに行ったのかわからなくなった。 |

## 語句・句法　知識・技能

**1** 次の語の読み（送り仮名を含む）と意味を調べなさい。

p.58 ℓ.1 ①少くして　〔　　〕〔　　〕
ℓ.4 ②畢はる　〔　　〕〔　　〕
ℓ.7 ③小人　〔　　〕〔　　〕
④報ゆ　〔　　〕〔　　〕
ℓ.8 ⑤爾り　〔　　〕〔　　〕

**2** 次の文を書き下し文に改めなさい。

①雖(モ)レ有(リト)二五男児一、総(すべテ)不レ好(マ)二紙筆(ヲ)一。
〔　　〕

②大王来(タルトキ)、何(ヲカ)操(とレル)。
〔　　〕

③但(ダ)聞(ク)人語(ノ)響(クヲ)。
〔　　〕

④令(ム)二騎(ヲシテ)皆下(リテ)レ馬(ヲ)歩行(セ)一。
〔　　〕

## 内容の理解 思考力・判断力・表現力

### 第一段落

**1** 「乃自売為レ奴、以供二喪事一。」（五八・2）について、次の問いに答えなさい。

(1) この文の主語を答えなさい。〔　　〕

(2) 「自売為レ奴」するのは、なぜか。次から選びなさい。〔　　〕

ア　父親を大切に扱わなかった者を罰するため。
イ　父親の葬儀にかかる費用を稼ぎ出すため。
ウ　父親が死に、生活の糧がなくなったから。
エ　父親の供養塔を建てる費用を稼ぎ出すため。

**2** 「主人知二其賢一、与二銭一万一、遣レ之。」（五八・3）について、次の問いに答えなさい。

(1) 「之」は何をさすか。本文中から三字で抜き出しなさい。

(2) 「主人」が「銭一万」を与えたのはなぜか。次から選びなさい。〔　　〕

ア　以前董永の父親から恩を受けたことがあったから。
イ　働き者の董永なら、いい奴隷になると考えたから。
ウ　董永の行いが立派であることに感心していたから。
エ　董永の利殖の才能に頼って金もうけを企んだから。

### 第二段落

**3** 「欲下還二主人一、供中其奴職上。」（五八・4）とは、どういう意味か。〔　　〕

ア　主人に一万銭を返してから、奴隷になろうとした。
イ　主人の元に帰って、奴隷の仕事をしようとした。
ウ　銭を返し終わったので、奴隷を辞めようとした。
エ　主人の元に帰って、奴隷を辞めようとした。

**4** 「倶」（五八・5）とは、どうすることか。具体的に十五字以内で答えなさい。

### 第三段落

**5** 「君之恵、」（五八・6）とは、何のことか。二十五字以内で説明しなさい。

**6** 主人が「婦人何能。」（五八・8）と言ったのはなぜか。次から選びなさい。〔　　〕

ア　董永と女性との二人分の働きを期待したから。
イ　女性は董永にふさわしくないと思ったから。
ウ　女性は何か特技がありそうな様子だったから。
エ　董永が恩返しをすると言ってきかないから。

### 第四段落

**7** 「償レ債」（五九・4）の意味を、次から選びなさい。 脚問2 〔　　〕

ア　お金を返すこと。
イ　機織りをすること。
ウ　妻になること。
エ　孝行をすること。

### 全体

**8** 新傾向 董永が父親に対して行った孝行を三つ、次の条件に従って書きなさい。

（条件）・①は父親が生きているときの孝行について、②は父親が死んだときの孝行について、③は父親が死んだあとの孝行について書くこと。
・それぞれ二十五字以内で書くこと。

①

②

③

**学習目標**　一般的なイメージとは異なる幽霊についての話を読み、古代中国の人々の超常的な存在に対する見方を捉える。

# 売レ鬼

教科書 p.60～p.61

検印

## 展開の把握　思考力・判断力・表現力

○次の空欄に適語を入れて、内容を整理しなさい。

| 第一段落<br>（初め ～ p.61 ℓ.4） | 第二段落<br>（p.61 ℓ.5 ～ 終わり） |
|---|---|
| | 作者の論評 |
| 南陽の定伯が若かったころ、ある夜、幽霊に出くわした。定伯は「私も〔ア　　〕だ。」とうそをつき、いっしょに宛市まで歩いていくこととなった。幽霊と定伯とは交代で相手を背負うことにしたが、幽霊は「あなたはたいへん〔イ　　〕。もしや幽霊ではないのではないか。」と疑った。定伯は「私は〔ウ　　〕になったばかりなので、重いのだ。」とごまかした。定伯が「私は死んだばかりなので、幽霊が何を恐れるのかわからない。」と言うと、幽霊は「人の〔エ　　〕が嫌いなのだ。」と答えた。途中、幽霊が〔オ　　〕を渡ると、少しも音がしなかった。定伯が渡ると、ざぶざぶと音がした。幽霊はこれを怪しんだが、定伯は「私は死んだばかりで、渡り方を習っていないから音がするのだ。」とごまかした。 | 〔カ　　〕に着こうとしたとき、定伯は幽霊を背負って〔キ　　〕の上にくっつけて、捕まえた。幽霊は大声で叫び、降ろすように言ったが、定伯は聞き入れなかった。宛市に着き、幽霊を降ろすと、幽霊は一匹の〔ク　　〕に姿を変えた。定伯はこれが変化することを恐れて〔ケ　　〕をつけた。定伯は銭〔コ　　〕で幽霊を売って、去っていった。 |

## 語句・句法　知識・技能

**1** 次の語の読み（送り仮名を含む）と意味を調べなさい。

p.60 ℓ.1 ①逢ふ
②鬼
ℓ.2 ③汝
ℓ.4 ④太だ
ℓ.6 ⑤将た

**2** 次の文を書き下し文に改めなさい。

①今夜ハ不レ知ラ何レノ処ニカ宿スルヲ。

②以ツテ二五十歩ヲ一笑ハバ二百歩ヲ一、則チ何如。

③若ハ非ズ二吾ガ故人ニ一乎。

④問フレ余ニ何ノ意アリテカ棲ムト二碧山ニ一。

## 内容の理解

思考力・判断力・表現力

### 第一段落

**1**「卿太重。将非レ鬼也。」（六〇・6）について、次の問いに答えなさい。

(1)「卿」とは、何をさすか。本文中から抜き出しなさい。（訓点不要）〔　　〕

(2)「将非レ鬼也。」の意味を次の中から選びなさい。 ▼脚問1 〔　　〕

ア　やはり幽霊ではなかったのだな。
イ　もしかして幽霊なのか。
ウ　ひょっとして幽霊ではないのか。
エ　どうして幽霊ではないと言うのか。

(3)「将非レ鬼也。」と思ったのは、なぜか。理由がわかる箇所を本文中から五字以内で抜き出しなさい。（訓点不要）〔　　〕

**2**「我新鬼、不レ知レ有三何所二畏忌一。」（六〇・8）と言ったのは、なぜか。二十字以内で説明しなさい。

### 第二段落

**3**「何以有レ声。」（六一・2）の後に続く言葉を、本文中から五字以内で抜き出して補いなさい。（訓点不要）

**4**「唾レ之。」（六一・7）について、次の問いに答えなさい。

(1)「之」は、何をさすか。十字以内で説明しなさい。

### 第二段落

(2)「唾」したのは、なぜか。次から選びなさい。〔　　〕

ア　羊の肉がとてもおいしそうだったから。
イ　千五百ほどの銭をきちんと数えるため。
ウ　かわいい羊に親愛の情を示すため。
エ　幽霊が再び変身しないようにするため。

### 全体

**5** 新傾向 次の生徒の会話から、本文の内容をふまえて話している生徒をすべて選びなさい。 ▼学習一

生徒A：この話に出てくる鬼は、定伯を鬼ではないと疑っても、定伯のいう「新鬼であるから」という理由をうのみにして彼を信じてしまうね。何だか少し間の抜けた性格のようだね。
生徒B：そうだね。唾をつけられると力を失う弱点も、自ら告白してしまっているもんね。
生徒C：外見も人間と同じようで、会話も普通にできるから、そう感じるのかもね。
生徒D：人間でないことの証明は、音をたてずに川を渡れることだけだものね。

生徒〔　　〕

**6** この話のおもしろさは、どのようなところにあると考えられるか。次から選びなさい。〔　　〕

ア　一人の男が、悪い鬼をうまくだまして財宝を手に入れるという勧善懲悪に基づいた展開。
イ　超自然的な存在でありながら、人に捕まえられ逃げることのできない弱い幽霊という着想。
ウ　幽霊と機転の利いた問答を繰り返すことにより、立身出世を果たすという壮大なテーマ。
エ　本来恐ろしくて近づきがたい幽霊の存在を、身近なものとして表現した趣向。

**学習目標** 説話の型の一つである動物の報恩譚を読み、夢と現実とがどのように関連しているかを捉える。

# 蟻王

教科書 p.62〜p.63

検印

## 展開の把握

思考力・判断力・表現力

○次の空欄に適語を入れて、内容を整理しなさい。

| 第一段落（初め〜p.62 ℓ.5） | 第二段落（p.62 ℓ.6〜p.62 ℓ.8） | 第三段落（p.63 ℓ.1〜p.63 ℓ.5） | 第四段落（p.63 ℓ.6〜終わり） |
|---|---|---|---|
| 船での出来事 | 夢 | 十年後 | 恩返し |
| 〔ア　　〕の国の董昭之が、あるとき船に乗り、銭塘江を渡っていた。川の中ほどで、一匹の〔イ　　〕が一本の短いアシにつかまって流れているのを見つけた。昭之が蟻を拾い取って船に乗せようとすると、船の中の人々は「この蟻は〔ウ　　〕を持っているので生かしておいてはいけない。」と反対した。昭之は蟻をかわいそうに思い、〔エ　　〕をアシに結びつけて船べりにつないだ。船が岸についたときに、蟻は陸に上がることができた。 | 夜、昭之の〔オ　　〕に黒い服の人物が現れ、「私は蟻の〔カ　　〕です。もし、あなたに差し迫った災難が起こったなら、お知らせください。」と言った。 | 昭之は罪もないのに捕らえられ、盗賊の首領ということで投獄された。蟻の王にどうやって知らせるか〔キ　　〕が考えていると、一緒に投獄されている者が「ただ二、三匹の蟻を捕まえて、手のひらに置いて事情を話せばよい。」と教えてくれた。 | 夜、黒い服を着た人が夢に現れ、昭之に逃げるよう告げた。〔ク　　〕たちが足かせをかみ切ってくれ、昭之は牢獄から逃げることができた。余杭の〔ケ　　〕に逃げ込んだ昭之にほどなく大赦の命が下り、処刑を逃れることができた。 |

## 語句・句法

知識・技能

**1** 次の語の読み（送り仮名を含む）と意味を調べなさい。

- p.62 ℓ.1 ①嘗て〔　　〕〔　　〕
- ℓ.2 ②甚だ〔　　〕〔　　〕
- ℓ.6 ③云ふ〔　　〕〔　　〕
- p.63 ℓ.2 ④忽ち〔　　〕〔　　〕
- ℓ.7 ⑤是に於いて〔　　〕〔　　〕
- ⑥便ち〔　　〕〔　　〕
- ⑦已に〔　　〕〔　　〕

**2** 次の文を書き下し文に改めなさい。

①兎ハ不レ可カラ二復タ得一。〔　　〕

②及ビテレ時ニ当ニシ二勉励ス一。〔　　〕

③信ニシテ而見レ疑ハ、忠ニシテ而被レ謗ソシラ。〔　　〕

## 内容の理解　思考力・判断力・表現力

### 第一段落

**1**「甚惶遽。」（六二・2）とあるが、恐れ慌てているのは、なぜか。本文中から五字以内で抜き出しなさい。

**2**「不レ可レ長。」（六二・4）とは、どういうことか。次から選びなさい。
ア　小さな生き物に対しても優しい点が董昭之の長所だということ。
イ　人を危険にさらす董昭之を長者にすることはできないということ。
ウ　毒を持った蟻にかまれてしまった者は、命が長くないということ。
エ　毒を持った蟻をこのまま生かしておくことはできないということ。
〔　　〕

**3**「不レ可レ長。」（六二・4）とあるが、董昭之はどうしてこのようなことをしたのか。次から選びなさい。
ア　蟻をいじめた船内の人々を懲らしめるため。
イ　蟻を助けるよう、神に祈りをささげるため。
ウ　蟻を船の中に入れずに、岸まで誘導するため。
エ　毒を持った蟻が逃げられないようにするため。
〔　　〕

### 第二段落

**4**「不レ慎堕レ江、」（六二・7）とは、どういうことか。次から選びなさい。
ア　蟻王が不注意から銭塘江に落ちたということ。
イ　蟻王が堕落した生活を送っていたということ。
ウ　董昭之が蟻王を銭塘江に落としたということ。
エ　董昭之に蟻王が謹慎するよう命じたということ。
〔　　〕

**5**「急難」（六二・7）とあるが、董昭之の身に降りかかった「急難」の内容を具体的に述べている一文を本文中から抜き出し、最初の五字を書きなさい。

### 第三段落

**6**「今何処告レ之。」（六三・2）の意味を、次から選びなさい。
ア　今、自分はどこに捕縛されているというのだろうか。
イ　今、どこに自分の危急を知らせればよいのだろうか。
ウ　今、誰に自分の罪を告白すればよいのだろうか。
エ　今、どのような処分が下されるというのだろうか。
〔　　〕

**7**「其人」（六三・4）とは、誰のことか。本文中から五字以内で抜き出しなさい。

### 第四段落

**8**「烏衣人。」（六三・6）とあるが、「烏衣人」の家臣たちがとった行動を本文中から二字で抜き出しなさい。

### 全体

**9** 新傾向　この文章における夢のはたらきについて生徒が話し合っている。空欄①〜③に入る適当な語句を①・③は五字以内、②は十字以内で書きなさい。　▼学習二

生徒A：最初の夢では、助けた蟻が董昭之に〔　①　〕を明かしているね。
生徒B：二回目の夢では、蟻が助けられた恩返しとして〔　②　〕を教えているよ。夢の中だと現実世界ではわからない〔　③　〕がわかるのが不思議だな。
生徒C：蟻と人間のコミュニケーションを助けるはたらきがあるんだね。

①
②
③

**10** この文章の内容にふさわしいことわざ・故事成語を次から選びなさい。
ア　毒を食らわば皿まで
イ　舟に刻みて剣を求む
ウ　蟻の穴から堤も崩れる
エ　情けは人のためならず
〔　　〕

学習目標　怪異譚である、人が蘇生する話を読み、この話の男を蘇生させたものは何かを理解する。

# 買粉児

教科書 p.64〜p.65

検印

## 展開の把握

思考力・判断力・表現力

○次の空欄に適語を入れて、内容を整理しなさい。

| 第一段落<br>（初め 〜 p.65 ℓ.1） | 第二段落<br>（p.65 ℓ.2 〜 終わり） |
|---|---|
| 金持ちのひとり息子が、〔ア　　〕に出かけ、〔イ　　〕を売る美しい娘を見かけた。男は毎日おしろいを買ったが、娘と口をきくことはなかった。ある日、娘が「あなたはおしろいを買って、いったいどこに使うのですか?」と尋ねた。男は「あなたを〔ウ　　〕していますが、気持ちを伝えかねていました。おしろいを買うのにかこつけて、あなたの姿を見ていたのです。」と告白した。娘は翌日の夜にひそかに男と会うことを承知した。次の日、娘を迎えた男は、娘の〔エ　　〕をとって、喜びのあまり死んでしまった。娘は怖くなって逃げ去った。 | 翌朝、男の〔オ　　〕が部屋に行くと、男はすでに死んでいた。棺おけに収めようというときに、〔カ　　〕個あまりのおしろいの包みを見つけた。男の〔キ　　〕は市場中のおしろいを買い集め、男におしろいを売っていた娘をつきとめた。両親は娘を役所に訴えた。娘は「私は命が惜しいのではない。どうか弔いをさせてください。」と、〔ク　　〕に願い出た。娘は遺体をなで、大声で泣きながら言った。「もし死後、魂に霊力があるならば、何も思い残すことはない。」すると男は急に生き返った。二人は夫婦となり、〔ケ　　〕は繁栄した。 |

## 語句・句法

知識・技能

**1** 次の語の読み（送り仮名を含む）と意味を調べなさい。

- p.64 ℓ.1 ①止だ〔　　〕〔　　〕
- ②游ぶ〔　　〕〔　　〕
- ℓ.3 ③漸く〔　　〕〔　　〕
- p.65 ℓ.4 ④遍く〔　　〕〔　　〕
- ℓ.6 ⑤具さに〔　　〕〔　　〕

**2** 次の文を書き下し文に改めなさい。

① 会ヒテ二其ノ怒リニ一、不二敢ヘテ献ゼ一。〔　　〕

② 此レ亡秦之続キナル耳。〔　　〕

③ 何ソ前（さき）ニハ倨（おご）リテ而後ニハ恭シキ也（や）。〔　　〕

④ 学若（も）シ不ンバレ成ラ、死ストモ不レ還ラ。〔　　〕

## 内容の理解

思考力・判断力・表現力

### 第一段落

**1** 「過レ常。」（六四・1）とは、どういうことか。次から選びなさい。〔　　〕

ア　いつもと同じであるということ。
イ　普通とは違っているということ。
ウ　いつまでも変わらないということ。
エ　とびきり異常だということ。

**2** 「愛レ之、無レ由レ自達一。」（六四・2）について、次の問いに答えなさい。

(1) 主語は、何か。次から選びなさい。〔　　〕

ア　金持ちの家のひとり息子。
イ　おしろいを売る美しい娘。
ウ　市場で売っているおしろい。
エ　市場で買い物をする人。

(2) 「無レ由二自達一」とは、どういう意味か。二十字以内で説明しなさい。　▼脚問1

**3** 「積」（六四・3）とは、何のことか。次から選びなさい。〔　　〕

ア　男の買ったおしろいが山のように積み上げられたこと。
イ　娘に交際を求めていた男が、積極的に振る舞ったこと。
ウ　男が黙っておしろいを買うことが、何日も続いたこと。
エ　男が札束を娘の前に積んで、おしろいを買ったこと。

**4** 「仮レ此」（六四・5）の「此」は、何をさすか。本文中から抜き出しなさい。〔　　〕

**5** 「其悦、」（六四・8）とは、具体的にはどのような気持ちか。二十五字以内で説明しなさい。

### 第二段落

**6** 「入レ市遍買二胡粉一」（六五・4）とは、誰の、どのような行動か。次から選びなさい。〔　　〕

ア　男の両親の、男の宿願をなんとかかなえようとする行動。
イ　男の母親の、男が死んだ手がかりをつかもうとする行動。
ウ　男の、娘にもう一度会って思いを伝えようとする行動。
エ　男の母親の、娘に会って復讐（ふくしゅう）しようとする行動。

**7** 「手跡如レ先。」（六五・5）とあるが、どういうことか。「先」の内容を明らかにして、三十字以内で説明しなさい。　▼脚問2

**8** 「撫レ之」（六五・8）の「之」は、何をさすか。本文中から漢字一字を抜き出しなさい。

### 全体

**9** この話では、男が生き返ったのはなぜだと考えているか。次から選びなさい。　▼学習一　〔　　〕

ア　娘のことを快く思わない父母に、自分との結婚を許してもらうための芝居だったから。
イ　男が死ぬ間際になって、わがまま放題だった今までの自分の生活ぶりを反省したから。
ウ　男が娘に懸命に愛を訴え献身する姿に対して、天の神が感動したから。
エ　自分の命を惜しむことなく、男の愛情に応えようとした娘の気持ちが奇跡を呼んだから。

**学習目標** 人に影響を及ぼす「虫」という考え方に触れ、劉氏にとっての酒虫の意味を捉える。

# 酒虫

教科書p.66～p.68

検印

## 展開の把握

思考力・判断力・表現力

○次の空欄に適語を入れて、内容を整理しなさい。

| 第一段落（初め～p.66 ℓ.3） | 第二段落（p.66 ℓ.4～p.67 ℓ.5） | 第三段落（p.68 ℓ.1～p.68 ℓ.2） | 第四段落（p.68 ℓ.3～終わり） |
|---|---|---|---|
| 劉氏とは | 「酒虫」事件 | その後の劉氏 | 異史氏の見解 |
| 長山の劉氏は太っていて、酒を一人で〔ア〕飲みつくすほどであるが、家が〔イ〕なので飲む費用に事欠くということはない。 | 一人の番僧がやってきた。<br>番僧「あなたは〔ウ〕を飲んでも酔わないのではないか。」<br>劉氏「そうです。」<br>番僧「それは〔エ〕のせいだ。」<br>日なたに劉氏を〔オ〕にさせて、手足を縛り、頭から〔カ〕離れたところに〔キ〕を置いた。<br>劉氏 飲みたいが飲めない。〔ク〕のかゆみを感じ〔ケ〕を吐く。<br>番僧〔コ〕はいらないが、この〔サ〕が欲しい。<br>→「虫＝〔シ〕」だから、〔ス〕が上質の酒になる。 | 酒を憎み、体はやせ、家も貧しくなり、〔セ〕するのにも不足するようになる。 | 一日に一石の酒を飲んでも〔ソ〕を損なうことがなかったのに、一斗も飲まなくても〔タ〕が増していく。〔チ〕には何か運命があるのだろうか。<br>ある人は『虫は劉氏の〔ツ〕であって〔テ〕ではなかった。僧は劉氏を侮って〔ト〕を用いた。』というが、どうなのだろう。 |

## 語句・句法

知識・技能

**1** 次の語の読み（送り仮名を含む）と意味を調べなさい。

p.66 ℓ.1 ①嗜む 〔　　〕〔　　〕

②輒ち 〔　　〕〔　　〕

ℓ.6 ③耳 〔　　〕〔　　〕

p.67 ℓ.3 ④悉く 〔　　〕〔　　〕

p.68 ℓ.1 ⑤漸く 〔　　〕〔　　〕

**2** 次の文を書き下し文に改めなさい。

①視ヨ二吾ガ舌ヲ一、尚ホ在リヤ否ヤ。 〔　　〕

②使ム二子路ヲシテ問ハレ之ニ。 〔　　〕

③懐ヒテ二佳人ヲ一兮、不レ能ハレ忘ルル。 〔　　〕

④豈ニ有ルレ意乎。 〔　　〕

## 内容の理解　思考力・判断力・表現力

第一段落

**1** 「不㆓以㆑飲為㆒累也。」（六六・2）とあるが、なぜか。理由を答えなさい。

〔　　　　〕

第二段落

**2** 「有㆑之。」（六六・5）とあるが、どういうことが「有」るのか。次から選びなさい。　▼脚問1

ア　体の中に虫がいること。
イ　自分が病気であること。
ウ　酒を飲んでも酔わないこと。
エ　僧がその場にいること。

〔　　〕

**3** 「愕然。」（六六・5）とあるが、劉氏はなぜ「愕然と」したのか。次から選びなさい。

ア　いくらたくさん飲んでも全く酔えないことを指摘されたから。
イ　病気と思っていなかったのに虫がいる病気だと言われたから。
ウ　僧が自分の病気を治すのに薬を使おうとしなかったから。
エ　治すのにうつ伏せにさせられ、手足を縛られたから。

〔　　〕

**4** 「求㆓医療㆒。」（六六・6）とあるが、この劉氏の申し出に基づいて番僧がしたことはどのようなことか。一文で探し、最初の五字を書きなさい。（訓点不要）

〔　　　　　〕

**5** 「有㆓物出㆒」（六七・1）について次の問いに答えなさい。

(1) 「物」とは、何か。二字で答えなさい。　▼脚問2

〔　　〕

(2) 前問(1)は具体的にどのようなものか。本文中からその説明に当たる部分を探し、その初めと終わりの三字を抜き出しなさい。（訓点不要）

〔　　　〕〜〔　　　〕

第二段落

**6** 「酬以㆑金、不㆑受、但乞㆓其虫㆒。」（六七・3）とあるが、僧はなぜ「乞㆓其虫㆒」したのか。次から選びなさい。

ア　虫好きなので、お金よりも虫の方に価値があると思ったから。
イ　虫は酒の精で、これを水に入れるとおいしい酒ができるから。
ウ　初めから出てきた酒虫をもらうつもりでいたから。
エ　酒虫は福の象徴で、持っているといいことがあるから。

〔　　〕

第三段落

**7** 「劉自㆑是」（六八・1）とあるが、「是」の内容を簡潔に書きなさい。

〔　　　　〕

第四段落

**8** 「愚㆑之」（六八・5）とあるが、「之」のさしているものを次から選びなさい。

ア　番僧　イ　酒虫　ウ　酒　エ　劉氏

〔　　〕

全体

**9** 新傾向　本文と芥川龍之介の「酒虫」（六九・1〜七〇・16）との違いについてまとめた次の文の空欄に入る適語を、あとの条件に従ってそれぞれ書きなさい。

本文では、劉にとっての酒虫は〔　①　〕と述べられているが、芥川龍之介の「酒虫」では、①の他に〔　②　〕または〔　③　〕という考えが述べられている。

（条件）・「福」「病」の語を用いて書くこと。

① 〔　　　　〕
② 〔　　　　〕
③ 〔　　　　〕

**学習目標** 『論語』と並ぶ儒家の古典である『孟子』を読み、孟子の思想について理解する。

# 孟子（何必曰レ利・性善）

教科書 p.77〜p.79

検印

## 展開の把握

思考力・判断力・表現力

○次の空欄に適語を入れて、内容を整理しなさい。

| 何必曰利 | |
|---|---|
| ア〔　　　〕の恵王の依頼 | わが国に〔イ　　　〕をもたらす提案をしてほしい。 |
| 孟子の意見 | 王にとって、利益は必要ではなく、〔ウ　　　〕が必要なだけだ。王が利益を求めると、〔エ　　　〕までもが利益を求めるようになる。下の者が利益を求めると、〔オ　　　〕の者を殺すようになる。〔カ　　　〕の心を育てれば、〔キ　　　〕や君主を大切にするようになる。 |

| 性善 | |
|---|---|
| ク〔　　　〕の意見 | 人の本性は〔ケ　　　〕のようなものだ。水が東にも〔コ　　　〕にも流れるように、人の本性に善と〔サ　　　〕の区別はない。 |
| 孟子の意見 | 水には、東流西流の区別はないが、〔シ　　　〕の区別はある。人の本性が〔ス　　　〕であることは、水が低いほうに流れるようなもので、当たり前のことである。水を手で打って跳ねさせれば、人の額を飛び越えさせることができ、水を遮れば、〔セ　　　〕に上らせることもできる。しかし、これは外から加える〔ソ　　　〕によるものであり、本性ではない。 |

## 語句・句法

知識・技能

**1** 次の語の読み（送り仮名を含む）と意味を調べなさい。

① 大夫（p.77 ℓ.7）〔　　〕〔　　〕

② 士〔　　〕〔　　〕

③ 夫れ（p.79 ℓ.1）〔　　〕〔　　〕

④ 過ごす（ℓ.2）〔　　〕〔　　〕

⑤ 是くの（ℓ.6）〔　　〕〔　　〕

**2** 次の文を書き下し文に改めなさい。

① 何ゾ必ズシモ公山氏ニ之レ之ゆカンや。〔　　〕

② 求ムル二其ノ放心ヲ一而已矣。〔　　〕

③ 苟シクモ得レバ二其ノ養ヲ一、無シ二物トシテ不ルハ一レ長ゼ。〔　　〕

④ 豈ニ足ランヤ二以ツテ言フニレ得タリトレ士ヲ。〔　　〕

## 内容の理解

思考力・判断力・表現力

**1** 「亦将レ有三以利二吾国一乎。」（七七・4）には、王のどのような気持ちが込められているか。次から選びなさい。

ア　将来的に国の有利になる提案をしてほしいと要求する気持ち。
イ　千里の道のりをはるばるやってきた孟子の苦労をねぎらう気持ち。
ウ　ゆくゆくはこの国の宰相になってほしいという気持ち。
エ　他の遊説家と同様に、孟子が利益を生む提案をするのを期待する気持ち。

〔　　〕

**2** 「亦有二仁義一而已矣。」（七七・6）について、次の問いに答えなさい。

(1) 何を主張しようとしているのか。次から選びなさい。

ア　仁義は利益を生むだけで、富国強兵策をとらなければだめだ。
イ　他の王と同じように、この国の政治にも仁義が必要なだけだ。
ウ　利益だけでは不十分で、仁義もなければ政治の体をなさない。
エ　この国には仁義だけがあって、他の大事なものは何一つない。

〔　　〕

(2) 「仁義」とは、どのような意味か。空欄にそれぞれ漢字一字を補って答えなさい。　▼脚問1

人間［　　］と［　　］義

**3** 「上下」（七七・8）の具体例を、これより前の本文中からすべて抜き出して答えなさい。（訓点不要）

〔　　〕

**4** 「万乗之国、弑二其君一者、必千乗之家。」（七八・1）について、次の問いに答えなさい。

(1) 「千乗之家」とはどのような存在か。次から選びなさい。



ア　ある国を王に代わって支配している家。
イ　王と敵対し、王に不満を持っている一族。
ウ　王に次ぐ領地や権力を持っている大家老。
エ　王の親族で王を支える家。

〔　　〕

(2) なぜ「弑二其君一」のか。理由にあたる部分を、本文中から二字で抜き出しなさい。（訓点不要）

［　　］

**5** 「奪」（七八・3）とは、何を奪うのか。次から選びなさい。

ア　大夫の家　イ　君主の領地
ウ　仁義　エ　財貨

〔　　〕

**6** 孟子の意見について、次の問いに答えなさい。

(1) 孟子が最も強い口調で恵王を批判している一文を、本文中から抜き出しなさい。（返り点・送り仮名不要）

〔　　〕

(2) 孟子は恵王の政治がどのような事態を招くと言っているか。三十字以内で答えなさい。

［　　］

(3) 孟子の話の進め方の巧みさはどのような点にあるか。次から選びなさい。

ア　最初に結論を述べ、具体例を挙げた後、結論を繰り返す点。
イ　まず王の考えを肯定し、その後で自分の提案を出している点。
ウ　王の考えを徹底的に批判した後、解決策を提案する点。
エ　王と問答を繰り返す中で、王に自分の非を認めさせている点。

〔　　〕

**7**「決二諸東方一、則東流、決二諸西方一、則西流。」（七六・7）と同じ意味の表現を、告子の言葉（七六・7〜9）から五字で抜き出しなさい。（訓点不要）

**8**「人性」（七六・8）について、次の問いに答えなさい。

(1)「人性」とは、何か。空欄を補って答えなさい。

人間の〔　　〕

(2)告子は、「人性」と「水」（七六・9）との関係を、どう捉えているか。次から選びなさい。

ア「人性」と「水」とは、似た特徴を持っている。
イ「人性」と「水」は、正反対の性質をしている。
ウ「水」が、「人性」に対して影響を与えている。
エ「水」も「人性」もそれぞれ独立している。

〔　　〕

(3)告子は、「人性」をどのようなものだと言っているか。次から選びなさい。

ア「人性」は、善・不善の区別がある。
イ「人性」に、善・不善の区別はない。
ウ「人性」は、東方と西方で異なる。
エ「人性」に、不善を正す力はない。

〔　　〕

**9**「無レ分二於東西一、無レ分二於上下一乎。」（七六・10）とは、どういう意味か。次から選びなさい。

ア 東西に分割することもできないし、上下に分割することも難しい。
イ 東西に分割することはできないが、上下に分割することはできる。
ウ 東流し西流する性質もなく、上方へ流れ下方へ流れる区別もない。
エ 東流し西流する区別はないが、上方・下方へ流れる区別はある。

〔　　〕



**10**「人性之善也、猶二水之就一レ下也。」（七六・11）とは、どういうことか。次から選びなさい。

ア「人性」が善であるのは、当たり前であるということ。
イ 善の「人性」は、たやすく流れてしまうということ。
ウ「人性」の善は、水の善性より劣っているということ。
エ「人性」が善であるのは、そう簡単ではない。

〔　　〕

**11**「然也。」（七九・5）は、何をさしているか。孟子の言葉（七六・10〜七九・6）から二つ、それぞれ三字で抜き出しなさい。（訓点不要）

**12**孟子は、人が「不善」（七九・5）をなすのはなぜだと考えているか。三十字以内で答えなさい。　▼脚問4

**13**「其性亦猶レ是也。」（七九・6）について、次の問いに答えなさい。

(1)何に対して「亦」なのか。漢字一字で書きなさい。

(2)「是」とは、何を受けているか。孟子の言葉（七六・10〜七九・6）から五字で抜き出しなさい。

**14**この文章で孟子が主張していることは、何か。次から選びなさい。

ア 水のように生きよという無為自然の考え。
イ 社会を乱す不善を許さない法律至上主義。
ウ 人間は生まれながらに善だとする性善説。
エ 人間の本性は悪だが、学問が善にする考え。

〔　　〕

**学習目標** 儒家と対立する道家の古典である『老子』を読み、古代中国思想について理解する。

# 老子（小国寡民・天下莫㆔柔㆓弱於水㆒）

教科書 p.80～p.81

検印

## 要点の整理 思考力・判断力・表現力

○次の空欄に適語を入れて、内容を整理しなさい。

| 小国寡民（p.80 ℓ.1 ～ p.80 ℓ.8） | 天下莫柔弱於水（p.81 ℓ.1 ～ p.81 ℓ.6） |
|---|---|
| 小さな〔ア　　〕で、少ない〔イ　　〕。文明の〔ウ　　〕を使わせない。民が国外へ出ることを禁止し、〔エ　　〕はあっても使わず、文字の代わりに〔オ　　〕を結んで使い、その土地に安住させる。これが理想的な社会だ。 | 「世の中で水ほど〔カ　　〕なものはないが、堅強なものを攻めるのに水にまさるものはない。これはみんな知っているのに〔キ　　〕する者がいない。だから、「国の汚辱を引き受ける者を〔ク　　〕の主、国の災厄を引き受けるのを天下の〔ケ　　〕という。」と言った聖人の言葉は、正しいことを言っているのだ。 |

## 語句・句法 知識・技能

**1** 次の語の読み（送り仮名を含む）と意味を調べなさい。

p.80 ℓ.4 ①徙る　〔　　〕〔　　〕
②雖も　〔　　〕〔　　〕
③陳ぬ　〔　　〕〔　　〕
ℓ.5 ④復た　〔　　〕〔　　〕
p.81 ℓ.2 ⑤能く　〔　　〕〔　　〕

**2** 次の文を書き下し文に改めなさい。

①有(リ)㆘能(ク)為(ス)㆓鶏鳴(ヲ)㆒者(ヲ)㆖。
〔　　　　〕

②使(ム)㆓子路(ヲシテ)問(ハ)㆑津(ヲ)焉。
〔　　　　〕

③莫(シ)㆓能(ク)仰(ギ)視(ルモノ)㆒。
〔　　　　〕

④是(ヲ)以(ツテ)君子(ハ)不(ル)㆑為(まなバ)也。
〔　　　　〕

## 内容の理解



思考力・判断力・表現力

**1** 「重レ死」（八〇・3）とは命をどうすることか。次の空欄に合うように五字以内で書きなさい。 ▼脚問2

命を［　　　　　］こと

**2** 民に「復結レ縄而用レ之」（八〇・5）させるとは、どうすることか。次から選びなさい。

ア　民を太古の生活に戻らせる。
イ　民の自由を奪い、拘束する。
ウ　民に縄を生活の道具にさせる。
エ　民から文字を奪い、批判力を抑える。　〔　　〕

**3** 「隣国相望、鶏犬之声相聞、」（八〇・7）について、次の問いに答えなさい。

(1)「相望」の「相」の説明として適当なものを、次から選びなさい。

ア　「遠くから」の意を表す。
イ　「互いに」の意を表す。
ウ　「補佐する」の意を表す。
エ　対象を表す。　〔　　〕

(2)隣国とどういう状態にあることを表しているか。次から選びなさい。

ア　非常に敵対して緊張した状態。
イ　友好的な交流がある状態。
ウ　支配・被支配の状態。
エ　非常に接近している状態。　〔　　〕

**4** 「民至二老死一、不二相往来一。」（八〇・7）とあるが、「相往来」するとどうなるのか。三十字以内で説明しなさい。 ▼脚問3



**5** 「天下莫レ不レ知、莫二能行一。」（八一・3）の意味を簡潔に二十字以内で書きなさい。 ▼脚問4

**6** 「聖人」（八一・5）の言ったことの内容として適当なものを、次から選びなさい。

ア　君主は苦しみや汚れから守られている。
イ　君主は国の汚辱や不吉を受ける存在である。
ウ　君主は民の恥や不祥を取り除いてやらねばならない。
エ　君主は国の汚辱や不吉からかけ離れた存在である。　〔　　〕

**7** 新傾向 「天下莫三柔二弱於水一」について、世間の常識と老子の考えをまとめた次の表の空欄①・②に入る内容を、あとの条件に従って書きなさい。 ▼学習三

老子の考え…王の役目は〔　①　〕ことである。
↑批判
世間の常識…王の役目は〔　②　〕ことである。

（条件）・①は「国の汚辱や不吉」、②は「国」「人々」を用いて書くこと。
・それぞれ十五字以内で書くこと。

①［　　　　　］
②［　　　　　］

**学習目標**　儒家と対立する道家の古典である『荘子』を読み、荘子の思想について理解する。

# 荘子（渾沌・曳二尾於塗中一）

教科書p.82～p.83

検印

## 要点の整理　思考力・判断力・表現力

○次の空欄に適語を入れて、内容を整理しなさい。

| 渾沌 | 曳尾於塗中 | | |
|---|---|---|---|
| (p.82 ℓ.1 ～ p.82 ℓ.7) | (p.83 ℓ.1 ～ p.83 ℓ.3) | (p.83 ℓ.4 ～ p.83 ℓ.7) | (p.83 ℓ.7 ～ p.83 ℓ.8) |
| たとえ話 | | たとえ話 | |
| 南海の帝である儵と〔ア　　〕の帝である忽が、中央の帝である渾沌に歓待された。<br>儵と忽はそのお礼として、渾沌の顔に〔イ　　〕と同じように七つの穴を開けてやることにした。<br>渾沌が見たり〔ウ　　〕いたり、食べたり〔エ　　〕をしたりできるようにするためである。<br>一日に〔オ　　〕つずつ穴を開けていくと、七つの穴が開いた日に、渾沌は〔カ　　〕んでしまった。 | 〔キ　　〕国の王が、荘子に政治を任せようと考え、二人の〔ク　　〕を濮水に派遣し、釣りをしていた荘子に依頼させた。 | 廟堂に死後〔ケ　　〕になる神亀がいて、非常に大切にまつられている。<br>その亀は、〔コ　　〕んで自分の甲羅が貴ばれるほうがよいか。<br>それとも、〔サ　　〕きて尾を泥の中で引きずっているほうがよいか。<br>大夫の答え――〔シ　　〕きているほうがよい。 | 荘子は、王の申し出をきっぱりと断った。 |

## 語句・句法　知識・技能

**1** 次の語の読み（送り仮名を含む）と意味を調べなさい。

p.82 ℓ.3 ①与に〔　　〕〔　　〕
②遇ふ〔　　〕〔　　〕
ℓ.4 ③善し〔　　〕〔　　〕
p.83 ℓ.3 ④累はす〔　　〕〔　　〕
ℓ.6 ⑤曳く〔　　〕〔　　〕

**2** 次の文を書き下し文に改めなさい。

①願ハクハ得ン二君ノ狐白裘ヲ一。
〔　　〕

②項籍者、下相ノ人也。
〔　　〕

③寧ロ失フトモ二千金ヲ一、毋カレレ失フ二一人之心ヲ一。
〔　　〕

④日月如クレ流ルルガ、老イ将ニレ至ラントス。
〔　　〕

## 内容の理解

思考力・判断力・表現力

### 渾沌

**1** 「渾沌」（八二・1）について、「儵」と「忽」（同・2）が「はかないもの、人間の作為」のたとえとすると、「渾沌」は何のたとえか。次から選びなさい。

ア 仁義　イ 王道　ウ 無為自然　エ 博愛　〔　　〕

**2** 「待レ之」（八二・4）の「之」は、何をさすか。本文中から三字以内で抜き出しなさい。（訓点不要）

**3** 「此独無レ有。嘗試鑿レ之。」（八二・6）について、次の問いに答えなさい。

(1) ①「此」、②「之」は何をさしているか。本文中からそれぞれ三字以内で抜き出しなさい。

①　②

(2) 「鑿」とうとした理由を、次から選びなさい。

ア 渾沌に「視聴食息」させるため。　イ 渾沌をもてなすため。

ウ 渾沌を死なせないため。　エ 渾沌を目立たせるため。　〔　　〕

**4** 「渾沌死」（八二・7）とあるが、なぜ混沌は死んだのか。次から選びなさい。▼脚問2

ア 人為が加わったことで、渾沌がその本質を保てなくなったから。

イ 渾沌が新しい自分の姿に絶えられず、自ら命を絶ったから。

ウ 渾沌が「視聴食息」の素晴らしさに気付き、生まれ変わったから。

エ 儵と忽の不手際により、渾沌の存在が消え去ってしまったから。　〔　　〕

**5** この文章で説かれていることは何か。次から選びなさい。▼学習一

ア 人間の知恵や作為は、はつらつとした自然の営みを害する。

イ 人間の知恵や作為は、視たり聴いたりすることで発展する。

ウ 渾沌の世界は、人間の知恵や作為によって支配可能である。

エ 渾沌の世界は、すべてを無にする驚異的なものである。　〔　　〕

### 曳尾於塗中

**6** 「不レ顧」（八三・4）という態度をとったのはなぜか。次から選びなさい。

ア 楚王の気持ちを直接確かめたかったから。

イ 政治や名誉に全く関心がないから。

ウ 二人の大夫の態度がひどく無礼だったから。

エ 釣りのじゃまをされて腹が立ったから。　〔　　〕

**7** 「吾聞、」（八三・4）の内容はどこまでか。本文中から初めと終わりの三字を抜き出しなさい。（訓点不要）

〜

**8** 荘子は「神亀」（八三・4）で、何をたとえているか。次から選びなさい。

ア 王　イ 大夫　ウ 天帝　エ 宰相　〔　　〕

**9** 「寧其生而曳二尾於塗中一乎。」（八三・6）について、次の問いに答えなさい。

(1) 「曳二尾於塗中一」と対比的に用いられている部分を、本文中から五字以内で抜き出しなさい。（訓点不要）

(2) 「曳二尾於塗中一」とは、どのようなことをたとえているか。二十字以内で答えなさい。

**10** 亀のたとえ話で荘子は何を言おうとしているのか。次から選びなさい。▼学習二

ア 短い人生だからこそ、政治のために尽力しなければならない。

イ 名利を求めるより、自由に生きて天寿を全うすべきである。

ウ 落ちぶれた人間であっても、自尊心を守らなければならない。

エ 姿は醜くても、自由であることを感謝すべきである。　〔　　〕

**学習目標** 儒家と対立する法家の古典である『韓非子』を読み、韓非子の思想について理解する。

# 韓非子（侵レ官之害・非レ愛也）

教科書p.84～p.85

検印

## 展開の把握　思考力・判断力・表現力

○次の空欄に適語を入れて、内容を整理しなさい。

| 侵官之害 | | 非愛也 | |
|---|---|---|---|
| 出来事（p.84 ℓ.1～p.84 ℓ.4） | 結論（p.84 ℓ.5～p.84 ℓ.8） | 具体例（p.85 ℓ.1～p.85 ℓ.5） | 結論（p.85 ℓ.6～p.85 ℓ.7） |
| 韓の昭侯が酒に酔って、寝てしまった。（ア　）（冠を管理する役人）が昭侯の寒そうな様子を見て、（イ　）をかけた。目覚めた昭侯は（ウ　）から事情を聞くと、（エ　）と（オ　）の両者に罰を与えた。 | 君主は（カ　）に対して、（キ　）と職務の厳しい一致を求めなければならない。<br>自分の職務を怠ってはならない。<br>自分の職務を（ク　）えて、他人の職務に踏み込んでもいけない。<br>同様に、（ケ　）と行為も一致させなければならない。 | 子供に注ぐ（コ　）で、（サ　）のそれにまさるものはない。しかし、子供に非行があればその子を（シ　）につかせるし、子供が（ス　）になればその子を（セ　）に診てもらう。母親の（ソ　）は、子供の非行や病気を治す役には立たないのである。 | 君主の権力は（タ　）である。母親の愛情で（チ　）を維持することができないのであるから、君主が愛情で（ツ　）を維持することなどできるはずがないのである。 |

## 語句・句法　知識・技能

**1** 次の語の読み（送り仮名を含む）と意味を調べなさい。

- p.84 ℓ.2 ①昔者
- ℓ.3 ②説ぶ
- ℓ.4 ③対ふ
- ℓ.6 ④以為へらく
- ⑤侵す

**2** 次の文を書き下し文に改めなさい。

① 弟子、孰（たれ）カ為スレ好ムトレ学ヲ。

② 我以テレ不ルヲレ貪（むさぼ）ラ為スレ宝ト。

③ 非ザルレ不ルニレ説バ二於大功ヲ一也。

④ 非ズンバ二其ノ君ニ一不レ事（つか）ヘ。

## 内容の理解

### 侵官之害

**1** 「兼㆔罪典衣与㆓典冠㆒。」（八四・4）で、「兼罪」した理由を、典衣・典冠についてそれぞれ本文中から六字で抜き出しなさい。（訓点不要）

典衣［　　　　　　］　典冠［　　　　　　］

**2** 「其事」（八四・5）とは、何をさすか。本文中から六字で抜き出しなさい。（訓点不要）　▼脚問1

［　　　　　　］

**3** 「非㆑不㆑悪㆑寒也。」（八四・6）はどういうことか。次から選びなさい。

ア　寒い思いをするのはもちろん嫌いである。
イ　衣を掛けられたせいで暑くて目が覚めた。
ウ　寒さを嫌がっても仕方のないことである。
エ　寒い思いをするのはそれほどいやではない。

〔　　〕

**4** 「甚㆓於寒㆒。」（八四・6）の「於」と同じ用法のものを、次から選びなさい。

ア　貪ル㆓於財貨ヲ㆒。
イ　病入ル㆓於口ヨリ㆒。
ウ　治ムル㆑人ヲ者ハ食セラル㆓於人ニ㆒。
エ　苛政ハ猛ナリ㆓於虎ヨリモ㆒。

〔　　〕

**5** 「不㆑当」（八四・8）はどういうことか。次から選びなさい。　▼脚問3

ア　言うことが道理にかなっていない。
イ　言うことと行うことが一致しない。
ウ　言うばかりで他人の話を聞かない。
エ　言うことが現実と一致しない。

〔　　〕

**6** この文章では、君主に対し臣下のとるべき態度はどうあるのがよいと主張しているか。解答欄に合うように二十字以内で書きなさい。

［　　　　　　　　　　］ことがよい。

思考力・判断力・表現力

### 非愛也

**7** ①「師」（八五・3）、②「医」（同）の「弱子」（同・2）に対する役割を、それぞれ簡潔に答えなさい。

①〔　　　　〕
②〔　　　　〕

**8** 「疑㆓於死㆒。」（八五・4）とは、どういうことか。次から選びなさい。

ア　素人には死んだことが判断できるだろうか。
イ　悪人が生きていても社会の益にならない。
ウ　ほとんど死んだのと同じようなものだ。
エ　死んだことを疑うようなものだ。

〔　　〕

**9** 「則存㆑子者、非㆑愛也。」（八五・5）について、次の問いに答えなさい。　▼脚問4

(1)「在㆑子」とは、どういうことか。次から選びなさい。

ア　子供を立派に成長させる。
イ　子供を生き続けさせる。
ウ　子供をこの世に誕生させる。
エ　子供に教育を受けさせる。

〔　　〕

(2)「非㆑愛」とあるが、ここでは「愛」以外の何が「存㆑子」するといっているか。五字以内で答えなさい。（句読点不要）

［　　　　　］

**10** 「臣主之権筴也。」（八五・6）の「筴」と対比的に用いられている語を本文中から抜き出しなさい。（訓点不要）

〔　　〕

### 全体

**11** 「侵㆑官之害」「非㆑愛也」に表れている韓非の思想はどのようなものか。次から選びなさい。　▼学習三

ア　厳格な規則や冷徹な計算で国を治めるべきである。
イ　徳を身につけ深い愛情で国民に接する必要がある。
ウ　教育や医療の体制を整備することが大切である。
エ　個人の欲望を抑えて政治を行うべきである。

〔　　〕

学習目標　少孺子が呉王に行った説得の巧みさを捉える。

# 不㆑顧㆓後患㆒

教科書p.88〜p.89　検印

## 展開の把握　思考力・判断力・表現力

○次の空欄に適語を入れて、内容を整理しなさい。

| 段落 | 内容 |
|---|---|
| 第一段落（初め〜p.88 ℓ.3） | 呉王は〔ア　　〕を伐とうとして、〔イ　　〕たちに、「あえて諫める者があれば〔ウ　　〕はおかない。」と言った。〔エ　　〕という舎人が諫めようとしたができなかった。そこで〔オ　　〕を手に持ち、たまを懐に入れて、〔カ　　〕が着物をぬらすにもかかわらず、裏庭を〔キ　　〕間歩き回った。 |
| 第二・三段落（p.88 ℓ.4〜終わり） | 呉王は〔ク　　〕を近くに呼んで、なぜわざわざそんなことをしているのかと聞くと、次のように答えた。<br>「庭の中に樹があって、その高い所に〔ケ　　〕がとまっており、高い声で鳴いて、〔コ　　〕を飲んでいます。しかし、背後にいる〔サ　　〕が、体をかがめ、脚を縮めているのに気がつきません。〔シ　　〕もまた、そばにいる〔ス　　〕が、首を伸ばしてついばもうとしているのに気がつきません。そして〔セ　　〕も、〔ソ　　〕を持った私が下でねらっているのに気がつきません。〔タ　　〕と〔チ　　〕と〔ツ　　〕の三つはそれぞれ、目前の〔テ　　〕を得ようとしていますが、背後に〔ト　　〕が待ちかまえているのに気がつかないのです。」と。<br>それを聞いた呉王は〔ナ　　〕を伐つことをやめた。 |

## 語句・句法　知識・技能

**1** 次の語の読み（送り仮名を含む）と意味を調べなさい。

p.88 ℓ.1 ①敢へて

②諫む

ℓ.3 ③沾す

④旦

p.89 ℓ.2 ⑤罷む

**2** 次の文を書き下し文に改めなさい。

①秦不㆓敢ヘテ動カ㆒。

②何ゾ前ニハ（さき）倨リテ（おご）而後ニハ恭シキ也。

③嗚（あ）呼（あ）、哀シイ哉。

④善キ哉乎、鼓スルヤ㆑琴ヲ。

## 内容の理解

思考力・判断力・表現力

### 第一段落

**1** 「敢有㆓諫者㆒死。」（六八・1）の意味を、次から選びなさい。

ア　どうしても諫めてほしい者は死を覚悟せよ。

イ　どうしても諫めようとする者は殺すぞ。

ウ　どうしても諫めようとする者がいればその一族を殺すぞ。

エ　どうしても諫める者がいれば自殺するつもりだ。

〔　　〕

**2** 「欲㆑諫不㆑敢。」（六八・2）の「諫」は、誰の何について諫めるというのか。十五字以内で答えなさい。（句読点は含まない）

**3** 「如㆑是者」（六八・3）の内容を本文中から抜き出し、初めと終わりの三字を書きなさい。（訓点不要）

〔　　〕～〔　　〕

### 第二・三段落

**4** 「何苦沾㆑衣如㆑此。」（六八・4）の意味を、次から選びなさい。

ア　どうしてわざとらしく着物をぬらすようなことをするのだ。

イ　どうしてわざわざ着物をぬらすためにそんなことをするのだ。

ウ　どうしてわざわざそんなことをして着物をぬらしているのだ。

エ　どうしてわざわざ高価な着物をぬらしているのだ。

〔　　〕

**5** 「蟬高居悲鳴飲㆑露、」（六八・5）は蟬のどのような様子を表しているか。次から選びなさい。

ア　蟬が我がもの顔に樹上を行き来して、露を独占して飲む様子。

イ　蟬が生命の残り少ないのを悟り、露でのどをうるおす様子。

ウ　蟬が身の危険を思わず、露を飲むことに夢中になっている様子。

エ　蟬が子孫を残すために、露を飲むことに集中する様子。

〔　　〕

**6** 「此三者」（六八・8）とは何をさすか。次から選びなさい。　▼脚問1

ア　蟬と蟷螂と黄雀。

イ　蟷螂と黄雀と弾丸。

ウ　蟬と黄雀と弾丸。

エ　蟬と蟷螂と弾丸。

〔　　〕

### 第二・三段落

**7** 新傾向　ある生徒が少孺子の発言と呉王が考えたことを、図にまとめた。

| | 「前利」 | | | | 「後患」 |
|---|---|---|---|---|---|
| 少孺子の発言 | 〔①〕 | → | 蟬 | → | 〔②〕 |
| | 〔③〕 | → | 蟷螂 | → | 〔④〕 |
| | 〔⑤〕 | → | 黄雀 | → | 〔⑥〕 |
| 呉王の考え | 〔⑦〕 | → | 呉王 | → | 〔⑧〕 |

(1)空欄①～⑥に入る適語を本文中から抜き出しなさい。　▼脚問二

①〔　　〕②〔　　〕③〔　　〕

④〔　　〕⑤〔　　〕⑥〔　　〕

(2)空欄⑦・⑧に入る適語をそれぞれ十五字以内で書きなさい。

⑦

⑧

**8** 「善哉。」（六九・2）に込められた呉王の気持ちを、次から選びなさい。

ア　そのとおりだが、諫めた以上殺さざるを得ないという気持ち。

イ　そのとおりに違いない、よく諫めてくれたという気持ち。

ウ　そのとおりに違いないが、面目をつぶされたような気持ち。

エ　そのとおりに違いないが、何となく納得しがたい気持ち。〔　　〕

### 全体

**9** 呉王は少孺子の言葉から何を悟ったのか。三十字以内で答えなさい。　▼学習二

学習目標　前半の二つの逸話と後半の議論の[illegible]

# 不㆑若㆔人有㆓其宝㆒

教科書 p.90〜p.91

検印

## 展開の把握　思考力・判断力・表現力

○次の空欄に適語を入れて、内容を整理しなさい。

**第一段落**（初め〜p.90 ℓ.4）

宋人で〔　ア　〕を手に入れた者が、これを〔　イ　〕に献上したが、彼は受け取らなかった。そこで〔　ウ　〕を献上した者は、「これを〔　エ　〕に見せたところ宝玉だと認めたので、どうしてもと思い献上したのです。」と言った。すると〔　オ　〕は、「私は〔　カ　〕ことを宝としており、あなたは〔　キ　〕を宝としている。もしもそれを私にくれたら、どちらも〔　ク　〕を失うことになる。それぞれに〔　ケ　〕を持っているのがよろしい。」と言った。

**第二段落**（p.90 ℓ.5〜終わり）

だから宋の〔　コ　〕が次のように言っている。「〔　サ　〕は宝がないわけではなく、宝とするものが異なっているのだ。今、仮に、〔　シ　〕と〔　ス　〕とを子供に示すと、子供は必ず〔　セ　〕を取るだろう。〔　ソ　〕と〔　タ　〕とをつまらぬ人間に示すと、その人は必ず〔　チ　〕を取るだろう。〔　ツ　〕と「道徳の真実を語る言葉」とを〔　テ　〕に示すと、彼は必ず「道徳の真実を語る言葉」を取るだろう。その知が精であればあるほど、その取るものは〔　ト　〕であり、その知が〔　ナ　〕であればあるほど、その取るものは粗である。したがって、〔　ニ　〕が宝としているものは〔　ヌ　〕のものである。」と。

## 語句・句法　知識・技能

**1** 次の語の読み（送り仮名を含む）と意味を調べなさい。

① 献ず（p.90 ℓ.2）〔　　〕〔　　〕

② 貪る（ℓ.3）〔　　〕〔　　〕

③ 爾〔　　〕〔　　〕

④ 若し〜〔　　〕〔　　〕

⑤ 弥（p.91 ℓ.2）〔　　〕〔　　〕

**2** 次の文を書き下し文に改めなさい。

① 若シ果タシテ行ハバ㆑此レヲ、其レ鄭(てい)国(こく)実ニ頼ラン㆑之ニ。〔　　〕

② 百聞ハ不㆑如カ㆓一見ニ㆒。〔　　〕

③ 不㆑若カ㆓貧ニシテ而無キニ㆒㆑屈スル。〔　　〕

④ 人非ズ㆑無キニ㆓遠慮㆒。〔　　〕

## 内容の理解

思考力・判断力・表現力

### 第一段落

**1** 「故敢献レ之。」（九〇・2）の宋人の気持ちの表現として適当なものを、次から選びなさい。

ア　天下有数の宝だから、心を込めて献上する。
イ　天下有数の宝だから、自信をもって献上する。
ウ　自分の大切な宝だが、無理して献上する。
エ　自分の大切な宝だが、快く献上する。

〔　　〕

**2** 「皆喪レ宝也。」（九〇・4）のようになる理由として適当なものを、次から選びなさい。　▼脚問1

ア　宋人は宝である玉を失い、子罕は貪らないという信念に反するから。
イ　宋人は宝である玉を失い、子罕は宝を取り上げた汚名が残るから。
ウ　玉人は鑑定した玉を失い、子罕は貪らないという信念に反するから。
エ　宋人は宝である玉を失い、玉人は鑑定人としての信用を失うから。

〔　　〕

**3** 「所レ宝者異也。」（九〇・5）はどういうことか。主語を補って三十字以内で説明しなさい。

### 第二段落

**4** ①「児子必取二摶黍一矣。」（九〇・6）と、②「鄙人必取二百金一矣。」（同・7）の理由を、それぞれ三十字以内で答えなさい。

①

②

### 第二段落

**5** 「賢者必取二至言一矣。」（九一・1）の理由として適当なものを、次から選びなさい。

ア　賢者は生まれつき物質的に価値のあるものを嫌っているから。
イ　賢者は物質的なものより精神的に価値のあるものを求めるから。
ウ　賢者は常に昔の聖人の生き方をまねようとするから。
エ　賢者は常に自分の生き方について迷いを感じているから。〔　　〕

**6** 「其知弥精、其取弥精。其知弥粗、其取弥粗。」（九一・1）について、次の問いに答えなさい。　▼脚問2

(1)次の解説文の空欄にあとから適語を選んで入れなさい。

物事を〔　①　〕する力が〔　②　〕であればあるほど程度の高いものを求め、〔　③　〕であればあるほど程度の低いものを求める。

（　粗雑　精密　実行　認識　直観　）

①〔　　〕　②〔　　〕　③〔　　〕

(2)a「知」の①「最も精なるもの」と、②「最も粗なるもの」、b「取」の①「最も精なるもの」と、②「最も粗なるもの」を、それぞれ本文中の語で答えなさい。

a　①〔　　〕　②〔　　〕
b　①〔　　〕　②〔　　〕

### 全体

**7** 「至矣。」（九一・2）は「最高のものである」の意だが、なぜそう言えるか。「我以レ不レ貪為レ宝、」（九〇・3）という子罕の考え方と関連させながら、三十字以内で説明しなさい。

# 不死之道

教科書p.92～p.93

検印

## 展開の把握　思考力・判断力・表現力

○次の空欄に適語を入れて、内容を整理しなさい。

| 第一段落<br>（初め～p.92 ℓ.5） | 第二段落<br>（p.92 ℓ.6～p.92 ℓ.8） | 第三段落<br>（p.93 ℓ.1～終わり） |
|---|---|---|
| 昔、〔ア　　〕の道を知っているという術者がいて、燕王は臣下にそれを学ばせようとしたが、臣下が行くのが遅れてその術者は〔イ　　〕でしまった。王はその臣下を〔ウ　　〕としたが、寵臣が諫めて言った、「人が一番憂えているものは〔エ　　〕で、一番重んじているものは〔オ　　〕です。彼は自分自身がその〔カ　　〕を失ったのですから、主君を〔キ　　〕ようにはさせられません。」と。燕王は臣下を殺すのをやめた。 | 斉子も〔ク　　〕の道を学ぼうとしたが、それを知っている者が〔ケ　　〕と聞いて〔コ　　〕をたたいて残念がった。富子がそれを聞いて〔サ　　〕言った、「学ぼうとしたのは〔シ　　〕の道なのに、その者が〔ス　　〕ことを残念がっている。これは自分が何を学ぼうとしているのか〔セ　　〕いないのだ。」と。 | 胡子が言った、「〔ソ　　〕の発言は間違っている。〔タ　　〕はあるがそれを〔チ　　〕できない者と、〔ツ　　〕はできるが〔テ　　〕のない者とがいる。衛の人で占いの術が上手な者が、〔ト　　〕に臨んで秘訣をその子に教えた。しかし子は術を〔ナ　　〕できなかった。だがその父の〔ニ　　〕を伝え聞いたある者が、その父と同じようにできたという例からもそう言える。」と。 |

## 語句・句法　知識・技能

**1** 次の語の読み（送り仮名を含む）と意味を調べなさい。

p.92 ℓ.2 ①甚だ　〔　　〕〔　　〕

ℓ.8 ②所以　〔　　〕〔　　〕

p.93 ℓ.1 ③凡そ　〔　　〕〔　　〕

ℓ.3 ④喩す　〔　　〕〔　　〕

ℓ.5 ⑤然らば　〔　　〕〔　　〕

**2** 次の文を書き下し文に改めなさい。

①使ム二万人ヲシテ先ヅ背ニシテレ水ヲ陣セ一。
〔　　〕

②安クンゾ求メン二其ノ能ノ千里ナルヲ一也。
〔　　〕

③燕雀安クンゾ知ラン二鴻（こう）鵠（こく）之志ヲ一哉。
〔　　〕

④吾奚為レゾ不ランレ楽シマ哉。
〔　　〕

## 内容の理解

思考力・判断力・表現力

### 第一段落

**1** 「甚怒二其使者一」（九三・2）の理由として適当なものを、次から選びなさい。

ア　不死の道を学ばせようとしていた使者が早く行かなかったために、不死の道を知る者が死んでしまったから。

イ　不死の道を学ぼうとしていたのに使者のせいで出発が遅れ、燕王が到着したときには不死の道を知る者が死んでいたから。

ウ　不死の道を学ばせようとしていた使者が早く行かなかったので、他国の者に不死の道を知る者を殺されてしまったから。

エ　不死の道を学ばせようとしていた使者が、到着した先で不死の道を知る者を殺したから。〔　　〕

### 第二段落

**2** 「撫レ膺而恨。」（九三・6）は何について「恨」んだのか、十五字以内で答えなさい。

[　　　　　　　　　　　　　　　]

**3** 「不レ知三所二以為一レ学。」（九三・8）の意味として適当なものを、次から選びなさい。　▼脚問1

ア　自分が誰のために学ぼうとしているのかがわかっていない。

イ　自分が何を学ぼうとしているのかがわかっていない。

ウ　自分がどういう方法で学べばよいのかがわかっていない。

エ　自分がどうやれば学問を深められるかがわかっていない。〔　　〕

### 第三段落

**4** 「凡人有レ術……亦有矣。」（九三・1〜2）の内容として適当なものを、次から選びなさい。

ア　人間にはもって生まれた才能の差があるから、才能のある者がすべてにおいて得をする。

イ　人間のもって生まれた才能にはそれほど差がないので、努力によって誰でも十分夢が実現できる。

ウ　人間にはもって生まれた才能の差があるから、それを発揮する場面も違ってくる。

エ　人間のもって生まれた才能にはそれほど差がないので、運次第で誰でも出世できる。〔　　〕

### 第三段落

**5** 「問者用二其言一、而行二其術一、与二其父一無レ差焉。」（九三・4）について、次の問いに答えなさい。

(1)①「其言」、②「其術」とはそれぞれ何をさすか。本文中の語（一字）で答えなさい。

①[　　]　②[　　]

(2)「与二其父一無レ差焉。」とはどういうことか。次の文の空欄を補って答えなさい。

「問者」が「其父」の「言」のとおりに術をやってみたら、「其父」が術をやった場合と比べて

〔　　　　　　　　〕

ということ。

### 全体

**6** 新傾向　次の①〜⑤は、誰の考え方・感想か。本文中の人物のものには、それぞれその人物をあとのア〜オから選び、本文中にはない人物のものは、×を書きなさい。

① 「不死の道」を言う術者は死んでも、その方法は学び行える。

② 「不死の道」を学ぶまえに術者が死んで残念だ。

③ 「不死の道」を言う本人が死んだのだから、その術は偽りである。

④ 「不死の道」を説く者は死ぬことはない。

⑤ 「不死の道」を語るまえに自分が死ぬ者には、他人を死なせないことはできない。

ア　斉子　イ　富子　ウ　胡子　エ　衛人　オ　幸臣

①〔　　〕②〔　　〕③〔　　〕④〔　　〕⑤〔　　〕

学習目標　漁父と屈原の問答を対句に留意しながら読み、両者の主張する生き方の違いを捉える。

# 漁父辞

教科書 p.96～p.97

検印

## 展開の把握　思考力・判断力・表現力

○次の空欄に適語を入れて、内容を整理しなさい。

屈原は〔ア　　　〕され、〔イ　　　〕の水辺をさまよい、憔悴していた。漁父がその理由を尋ねた。
屈原は、世の中は、すべて〔ウ　　　〕り、みな酔っているのに、自分ひとりだけが〔エ　　　〕み、醒めているからであると答えた。

| | |
|---|---|
| 漁父の主張 | 〔オ　　　〕は物事にこだわらずに〔カ　　　〕と共に推移していける。世間の人がみな〔キ　　　〕っているなら、どうしてその〔ク　　　〕をかき混ぜて濁った波を上げないのか。世間の人がみな〔ケ　　　〕っているなら、どうして〔コ　　　〕のしぼりかすを食べて、それで溶いた薄い〔サ　　　〕をすすらないのか。どうして深く思い、〔シ　　　〕にふるまって世俗と〔ス　　　〕せず、自ら〔セ　　　〕されるようなことをしたのか。 |
| 屈原の主張 | 私は次の言葉を聞いている。「〔ソ　　　〕を洗ったばかりの者は、必ず〔タ　　　〕についた〔チ　　　〕を指先ではじき落とし、〔ツ　　　〕を洗ったばかりの者は、必ず〔テ　　　〕を振るってほこりを落とす。」と。どうして〔ト　　　〕なこの身に世俗の〔ナ　　　〕を受けられようか。むしろ〔ニ　　　〕に身を投じて〔ヌ　　　〕の餌となっても、どうして〔ネ　　　〕な身を世俗の〔ノ　　　〕にまみれさすことができようか。 |

漁父は〔ハ　　　〕と笑い、かいの音をたてて〔ヒ　　　〕をこいでいった。その時に歌って言うことには、「滄浪の水が〔フ　　　〕んでおれば、〔ヘ　　　〕のひもを洗えばよい。滄浪の水が〔ホ　　　〕っておれば、〔マ　　　〕を洗えばよい。」と。かくて〔ミ　　　〕は立ち去り、二人は二度と共に〔ム　　　〕ことはなかった。

## 語句・句法　知識・技能

**1** 次の語の読み（送り仮名を含む）と意味を調べなさい。

p.96 ℓ.1 ①游ぶ〔　　　〕〔　　　〕
②行〔　　　〕〔　　　〕
ℓ.4 ③是を以つて〔　　　〕〔　　　〕
p.97 ℓ.3 ④而も〔　　　〕〔　　　〕
⑤蒙る〔　　　〕〔　　　〕

**2** 次の文を書き下し文に改めなさい。

①丞相何ノ故ニ大イニ笑フカ。〔　　　〕
②令ムレ罷メレ役ヲ。〔　　　〕
③寧ロ為ルトモ二刑罰ノ所ト一レ加フル、不レ為ラ二陳君ノ所ト一レ短ル。〔　　　〕
④伯牙破リレ琴ヲ絶チレ絃ヲ、終身不二復タ鼓一レセ琴ヲ。〔　　　〕

## 内容の理解

思考力・判断力・表現力

### 全体

**1** 「漁父辞」全体で繰り返し使われている表現技巧を答えなさい。

〔　　　　　〕

### 第一段落

**2** 「漁父見」（九六・2）とあるが、漁父の見た屈原の様子はどのようなものだったか。次の二点について答えなさい。

顔つき〔　　　　　〕　姿〔　　　　　〕

**3** 「至於斯。」（九六・3）の「斯」は屈原の現在の境遇をさすが、具体的にはどのような境遇か。次から選びなさい。

ア　湘江の水辺を散策する優雅な境遇。
イ　追放され落ちぶれ果てた境遇。
ウ　追放されても日々清貧を楽しむ境遇。
エ　追放され落ちぶれても意に介さない境遇。

〔　　〕

**4** 「挙世皆濁、我独清。」（九六・3）の意味として適当なものを、次から選びなさい。

ア　世の中のすべてが不潔で、私一人が清廉潔白である。
イ　世の中のすべてが清貧で、私一人が厚顔無恥である。
ウ　世の中のすべてが活発で、私一人が温厚篤実である。
エ　世の中のすべてが貪欲で、私一人が清廉潔白である。

〔　　〕

**5** 「是以見放。」（九六・4）とあるが、屈原が追放された理由を、漁父は何だと考えているか。適当なものを、次から選びなさい。

ア　深く考え高潔にふるまい、世俗と同調できないから。
イ　深く考えても政治が悪いので、意見が通らないから。
ウ　高潔なふるまいが世俗の反発を招いたから。
エ　深く考えすぎて楚王の機嫌を損ねたから。

〔　　〕

### 第二段落

**6** 「聖人」（九六・5）の説明として適当なものを、次から選びなさい。　▼学習二

ア　孔子や孟子など儒家的立場の人。
イ　古代の伝説上の帝王である堯（ぎょう）や舜（しゅん）。
ウ　是非や善悪を超越した道家的立場の賢人。
エ　韓非など法家的立場の人。

〔　　〕

**7** 屈原の主張について世間と自分をどのような語句で表現しているか。世間についての評語①「濁」（九六・3）、②「酔」（同・4）、③「物之汶汶」（九七・1）に対応する語句をそれぞれ答えなさい。

①〔　　　〕　②〔　　　〕　③〔　　　〕

### 第三段落

**8** 「滄浪之水」（九七・5）の歌に込められた漁父の考え方を端的に言い表している語句を、本文中から四字で抜き出しなさい。

〔　　　　〕

### 全体

**9** 新傾向　屈原と漁父の生き方の違いを整理した次の文の空欄に入る語句を、あとの条件に従って書きなさい。

屈原は〔　①　〕であるのに対し、漁父は〔　②　〕である。

（条件）・①・②ともに「世俗」「同調」という言葉を使うこと。
・①・②ともに「生き方」で結ぶこと。
・①・②ともに十五字以上二十字以内で書くこと。

①〔　　　　　〕

②〔　　　　　〕

学習目標　架空の人物に自分自身を投影して自叙伝風に書かれた作品を読み、作者の理想の人物像を捉える。

# 五柳先生伝

教科書 p.98～p.99

検印

## 展開の把握　思考力・判断力・表現力

○次の空欄に適語を入れて、内容を整理しなさい。

| 第一段落（初め～ p.98 ℓ.2） | 第二段落（p.98 ℓ.3 ～ p.98 ℓ.6） | 第三段落（p.98 ℓ.7 ～ p.99 ℓ.1） | 第四段落（p.99 ℓ.2 ～ 終わり） |
|---|---|---|---|
| 伝 | | | 賛 |
| 呼び名の由来 | 先生の性格や趣味 | 先生の生活 | 作者の評 |
| ・先生の素性…〔ア　　〕の人かも、その〔イ　　〕もはっきりしていない。<br>・呼び名の由来…家の辺りに〔ウ　　〕本の〔エ　　〕の木があったので。 | ・性格…もの静かで〔オ　　〕少なく、営利を求めない。<br>・趣味…〔カ　　〕が好きで、心にかなうことがあると食事も忘れる。〔キ　　〕が好きだが、〔ク　　〕が貧しく、いつも飲めるわけではないので、〔ケ　　〕や〔コ　　〕が酒を用意して〔サ　　〕してくれる。 | ・生活…小さく狭い〔シ　　〕はもの寂しい。短い粗末な〔ス　　〕を着る。〔セ　　〕がなくても〔ソ　　〕で落ち着いている。<br>・自分で楽しみを見つけ、自らの〔タ　　〕を示して、人生の成功や失敗に煩わされることなく、〔チ　　〕の思うように生きて〔ツ　　〕を終えた。 | ・黔婁の言葉「貧しいときでも憂い〔テ　　〕することなく、富んでいるときも〔ト　　〕勤めることがない。」→先生のような人のことであるか。<br>・〔ナ　　〕を飲みかわしながら〔ニ　　〕を作り、それで自分の〔ヌ　　〕を楽しんでいる。→無懐氏の民や葛天氏の民のようであろうか。 |

## 語句・句法　知識・技能

**1** 次の語の読み（送り仮名を含む）と意味を調べなさい。

p.98
- ℓ.2 ①因りて〔　　〕〔　　〕
- ℓ.3 ②毎に〔　　〕〔　　〕
- ℓ.4 ③便ち〔　　〕〔　　〕
- ℓ.5 ④輒ち〔　　〕〔　　〕
- ℓ.8 ⑤頗る〔　　〕〔　　〕

**2** 次の文を書き下し文に改めなさい。

①所ノ二降下一スル者ハ、因リテ以ッテ予ヘレ之ニ。〔　　〕

②千里ノ馬ハ常ニ有リ。而レドモ伯楽ハ不ニ常ニハ有一ラ。〔　　〕

③斯ヲ以ッテ為スレ致ト也なる歟か。〔　　〕

④所いは謂ゆる天道是邪か、非邪。〔　　〕

漁父辞／五柳先生伝

## 内容の理解

思考力・判断力・表現力

### 第一段落

**1** 「先生不レ知二何許人一也。亦不レ詳二其姓字一。」（九六・1）とあるが、伝記で最も重要な出身地と名前がわからないと書いたのはなぜか。その説明として適当なものを、次から選びなさい。

ア　実際なぞめいた人物でよくわからなかったから。
イ　出身地と名前をぼかして虚構性を出そうとしたから。
ウ　作者の身近な人なのではっきりさせると支障があるから。
エ　五柳先生から名前と出身地を書くなと言われたから。

〔　　〕

### 第二段落

**2** 「不レ求二甚解一。」（九六・3）について、次の問いに答えなさい。

(1) 「不レ求二甚解一」はどういう意味か。書きなさい。　▼脚問1

〔　　〕

(2) 「不レ求二甚解一」の理由として適当なものを、次から選びなさい。

ア　実際は何でも知っているのだが、謙遜して言っているから。
イ　気ままな読書をしていて、とことん追求する気がないから。
ウ　年をとっているので細かいことを調べるのが面倒だから。
エ　若いころ学問を積んで学問の限界を悟ったから。

〔　　〕

**3** 「忘レ食。」（九六・4）とあるが、食事を忘れるほど熱中することとは一体何か。次から選びなさい。

ア　飲酒　イ　読書　ウ　食事　エ　会話

〔　　〕

**4** 「性嗜レ酒、」（九六・4）とはどういう意味か。書きなさい。

〔　　〕

**5** 「不レ能二常得一。」（九六・4）の口語訳として適当なものを、次から選びなさい。

ア　いつでも手に入ることはよくない。
イ　いつでも手に入ることは得なことである。
ウ　いつも手に入るとは限らない。
エ　いつも手に入らないということはない。

〔　　〕

### 第三段落

**6** 「簞瓢屢空、」（九六・7）とはどういう生活を表現したものか。説明しなさい。

〔　　〕

**7** 「著二文章一」（九六・8）の意味を、次から選びなさい。

ア　日記を書く
イ　文章を書く
ウ　詩文などを書く
エ　随筆を書く

〔　　〕

### 第四段落

**8** 賛の①「不三戚二戚於貧賤一」（九九・2）、②「不三汲二汲於富貴一。」（九九・3）に相当する一文を、それぞれ伝の中から抜き出し、各文の初めの三字で示しなさい。

①〔　　〕　②〔　　〕

**9** 「楽二其志一。」（九九・5）と同じ内容を述べている部分を、伝の中から六字以内で抜き出しなさい。（訓点不要）　▼脚問2

〔　　〕

### 全体

**10** 五柳先生の生き方の説明として最も適当なものを、次から選びなさい。

ア　食事にこと欠いても好きな酒だけはやめることなく、知人の家で心地よく過ごす生き方。
イ　好きなことをとことん追求するが、それによる営利は求めない生き方。
ウ　物事にこだわらず、自分自身の志に従って生きる安らかな生き方。
エ　仲間と過ごすことを第一に考え、貧しくても憂うことのない生き方。

〔　　〕

学習目標　四六駢儷体で書かれた美文の構成を理解し、文章に表れた作者の人生観を捉える

# 春夜宴二従弟桃花園一序

教科書p.100～p.101

検印

## 展開の把握　思考力・判断力・表現力

○次の空欄に適語を入れて、内容を整理しなさい。

| 李白の人生観 | 宴会の様子 |
|---|---|
| 〔ア　　〕は万物の〔イ　　〕のようなものであり、〔ウ　　〕は永遠の旅をする〔エ　　〕のようなものである。そしてこの定めない〔オ　　〕は〔カ　　〕のようなものであり、楽しみ事をするのもどれくらいだろうか。〔キ　　〕の人は〔ク　　〕を手に取って〔ケ　　〕まで遊んだと古詩にもうたわれているが、まことに〔コ　　〕のあることである。<br>ましてうららかな〔サ　　〕たなびく〔シ　　〕で私を呼び招き、〔ス　　〕が私に〔セ　　〕の美しい〔ソ　　〕を貸し与えてくれているのだからなおさらである。 | 〔タ　　〕の花の咲き香る〔チ　　〕に集まって、兄弟たちの楽しい〔ツ　　〕を開く。多くの若い〔テ　　〕たちは〔ト　　〕のように詩がうまい。私のよむ詩は〔ナ　　〕に及ばず恥ずかしい。心静かに〔ニ　　〕をめでることがいつまでも続き、〔ヌ　　〕を離れた高尚な話はますます清らかになってゆく。立派な〔ネ　　〕を設けて〔ノ　　〕のもとに座り、〔ハ　　〕が羽を広げた形の〔ヒ　　〕を飛ばすようにやりとりしては、〔フ　　〕を眺めて酔ってゆく。<br>もし、よい〔ヘ　　〕ができなければ、〔ホ　　〕の故事にならい、罰として〔マ　　〕の〔ミ　　〕を飲ませることにしよう。 |

## 語句・句法　知識・技能

**1** 次の語の読み（送り仮名を含む）と意味を調べなさい。

p.100

- ℓ.2 ①秉る
- ℓ.3 ②良に
- ℓ.6 ③慙づ
- ℓ.7 ④転た
- ℓ.8 ⑤伸ぶ

**2** 次の文を書き下し文に改めなさい。

①傍ラニ若シ二無キレ人者ノ一。

②山高キコト幾何ゾ。

③不ンバレ入ラ二虎穴ニ一、不レ得二虎子ヲ一。

④臣如シ搗カバレ虚ヲ、勢ヒ必ズ得ンレ利ヲ。

## 内容の理解

思考力・判断力・表現力

### 第一段落

**1** 「夫天地者万物之逆旅也、光陰者百代之過客也。」（100・1）について、次の問いに答えなさい。

(1) ここで使われている表現技巧を二つ、次から選びなさい。

ア 対句　イ 擬人法　ウ 反復
エ 倒置法　オ 省略法

〔　　〕〔　　〕

(2) ここをふまえた文章が出てくる日本の古典文学の①作品名と②作者名を書きなさい。

①〔　　〕②〔　　〕

(3) ここには作者のどのような考え方が述べられているか。次から選びなさい。

ア 万物は時々刻々と変化して、永久にとどまるところがない。
イ 自然は悠久であるが、人の命ははかない。
ウ 万物の中には変化するものと、変化しないものがある。
エ 万物の中の人間ははかないが、すぐれた存在である。

〔　　〕

**2** 「古人秉レ燭夜遊、」（100・2）の理由を述べている部分を本文中より抜き出しなさい。（訓点不要）

〔　　〕

**3** 「大塊仮レ我以二文章一。」（100・3）の意味を次から選びなさい。 ▼学習二

ア 大地が私の詩文に他人の文章を貸し与えてくれるのだから、なおさら楽しまずにはおれない。
イ 大地が私に美しい春景色を貸し与えてくれているのだから、なおさら楽しまずにはおれない。
ウ 大地が私の詩文の才能を他人に貸し与えてしまったのだから、なおさら楽しむことはできない。
エ 大地が私から美しい春景色を取り上げてしまったのだから、なおさら楽しむことはできない。

〔　　〕

### 第二段落

**4** 「群季俊秀、皆為二恵連一。」（100・5）について、次の問いに答えなさい。

(1) ①「群季俊秀」、②「恵連」と対をなしている語句を抜き出しなさい。

①〔　　〕②〔　　〕

(2) 意味として適当なものを、次から選びなさい。

ア すぐれた従弟たちは謝恵連の師と言えるほど詩がうまい。
イ すぐれた従弟たちは謝恵連の詩風を継承した。
ウ すぐれた従弟たちは謝恵連から詩の指導を受けた。
エ すぐれた従弟たちは謝恵連のように詩がうまい。

〔　　〕

**5** 「幽賞未レ已、高談転清。」（100・6）の意味を、次から選びなさい。

ア 心静かに自然をめでつつ、世間話に花が咲く。
イ 心静かに自然をめでるつもりが、酒が入って話に花が咲く。
ウ 心静かに自然をめでつつ、高尚な話に心が洗われる。
エ 心静かに自然をめでる暇もなく、高尚な話がはずむ。

〔　　〕

**6** 「如詩不レ成、罰依二金谷酒数一。」（100・8）について、次の問いに答えなさい。

(1) 「詩」では何を述べようとするのか。本文中から二字で抜き出しなさい。

□□

(2) どういうことか説明しなさい。

〔　　〕

### 全体

**7** この文章は、作者の人生観を述べた前半と、夜の宴会を述べた後半に分けられる。後半の要旨を簡潔に述べなさい。

〔　　〕

**学習目標** 蒋氏の言葉に表れた、古代民衆の生活の様子を読み取り、作者がこの文章を著した目的を捉える。

# 捕レ蛇者説

教科書p.102～p.105

検印

## 展開の把握　思考力・判断力・表現力

○次の空欄に適語を入れて、内容を整理しなさい。

| 第一段落（初め～p.102 ℓ.5） | 第二段落（p.102 ℓ.6～p.103 ℓ.2） | 第三段落（p.103 ℓ.3～p.104 ℓ.5） | 第四段落（p.104 ℓ.6～p.105 ℓ.1） | 第五段落（p.105 ℓ.2～終わり） |
|---|---|---|---|---|
| 「蛇捕り」が現れた経緯 | 蒋氏の特権 | 蒋氏の気持ち | 蒋氏の本心 | 作者の感想 |
| 永州の野にいる〔ア〕→〔イ〕にすると、よく効く〔ウ〕になる。<br>→税の代わりになるので、〔エ〕の人は〔オ〕をとるために走り回った。 | 蒋氏…三代にわたって、〔カ〕をして税を免除されていた。<br>〔キ〕・〔ク〕→蛇で死んだ。自分→〔ケ〕にかけた。<br>作者…話を聞いて〔コ〕思った。<br>「〔サ〕に話して、仕事を〔シ〕して元に戻してやろう。」 | 蒋氏…〔ス〕を流して、「〔セ〕の仕事の不幸は、税を元に戻して納める不幸に比べるとまだましだ。」<br>→（理由）蛇捕りの仕事をしていないこの土地の人々の〔ソ〕は、日増しに追い込まれ、人々は〔タ〕か、〔チ〕をして出て行くしかなかったから。 | 蒋氏…献上すべき時に〔ツ〕を献上し、後はのんびりと〔テ〕過ごす。<br>→それなのにどうしてこの仕事を〔ト〕に思おうか。 | 作者…話を聞いて、ますます〔ナ〕思った。<br>孔子「〔ニ〕は〔ヌ〕よりも猛なり」←〔ネ〕だったのだ。<br>この文章を〔ノ〕が読み、わかってくれることを期待する。 |

## 語句・句法　知識・技能

**1** 次の語の読み（送り仮名を含む）と意味を調べなさい。

p.102 ℓ.1 ①尽く〔　　〕〔　　〕

ℓ.4 ②当つ〔　　〕〔　　〕

p.103 ℓ.5 ③甚だし〔　　〕〔　　〕

p.105 ℓ.2 ④愈〔　　〕〔　　〕

⑤嘗て〔　　〕〔　　〕

**2** 次の文を書き下し文に改めなさい。

①以（ツテ）二子之矛（ヲ）一、陥（サバ）二子之盾（ヲ）一、何如。〔　　〕

②遠（ハ）親不（レ）如（カ）二近隣（ニ）一。〔　　〕

③燕雀安（クンゾ）知（ラン）二鴻鵠之志（ヲ）一哉。〔　　〕

④孰（カ）能（ク）無（カラン）レ惑（ヒ）。〔　　〕

## 内容の理解

思考力・判断力・表現力

### 第一段落

**1** 「産㆓異蛇㆒。」（一〇三・1）について、答えなさい。

(1) この「異蛇」はどのような蛇か。二十五字以内で説明しなさい。

(2) 蛇を干して薬として使うとどうなるか。その説明に当たる部分を抜き出し、初めと終わりの三字で答えなさい。（訓点不要）

〜

**2** 「永之人、争奔走焉。」（一〇三・5）とあるが、なぜ永州の人はこのような行動をとったのか。次から選びなさい。 ▼学習一

ア　蛇を捕らえてそれを薬にして、売ることを考えたから。
イ　蛇を税の代わりに納めることができるようになったから。
ウ　珍しい蛇には価値があるということに気がついたから。
エ　宮中の侍医の命令だったので、捕らないといけなかったから。

〔　　〕

### 第二段落

**3** 「専㆓其利㆒」（一〇三・6）とあるが、「其利」とは何か。次から選びなさい。 ▼脚問1

ア　蛇を捕らえる権利。
イ　蛇を薬にする許可。
ウ　蛇を売ったお金。
エ　蛇にかまれても助かったこと。

〔　　〕

**4** 「是」（一〇三・7）とは、何か。三字で答えなさい。 ▼脚問1

### 第二段落

**5** 「余将㆘告㆓于莅㆑事者㆒、更㆓若役㆒、復㆗若賦㆖。」（一〇四・1）とあるが、これは何をすることを提案されたのか。適当なものを次から選びなさい。

ア　蒋氏が役人に話して、自分の税を蛇ではなく、普通の人と同じように納める方法に変えること。
イ　蒋氏が役人から、自分の税を蛇ではなく、普通の人と同じように納める方法に変えると言われたこと。
ウ　作者が役人に話して、蒋氏の税を普通の人と同じように納めるのではなく、蛇で納める方法に変えること。
エ　作者が役人に話して、蒋氏の税を蛇ではなく、普通の人と同じように納める方法に変えること。

〔　　〕

### 第三段落

**6** 「蒋氏大慼、汪然出㆑涕」（一〇四・3）とあるが、蒋氏が涙を出したのはなぜか。次から選びなさい。

ア　自分の蛇捕りの仕事より、税の取り立てのほうがむごいことを、作者が知らなかったので、悲しくなったから。
イ　むごい蛇捕りの仕事をやり続けなければならないことを作者に改めて指摘されたから。
ウ　普通の税を払うほうが、蛇捕りの仕事よりも大変だという実態を作者に教えてもらったから。
エ　むごい蛇捕りの仕事を辞めることを、作者が役人に言ってくれたことに感激したから。

〔　　〕

**7** 「殫㆓其地之出㆒、竭㆓其廬之入㆒。」（一〇四・9）とあるが、どういう意味か。それを説明した次の文の空欄に入る適語を空欄①・②は二字で、空欄③は一字で書きなさい。

その土地の〔　①　〕や、家に入る〔　②　〕のすべてを〔　③　〕として出してしまうこと。

①

②

③

## 第三段落

**8** **「其室、十無レ一焉。」（一〇四・2）について、次の問いに答えなさい。**

**(1)「其室、十無レ一焉。」を「其」がさす内容を明らかにして口語訳しなさい。**

〔　　　　〕

**(2) (1)のようになってしまったのはなぜか。その理由としてあてはまらないものを、次から一つ選びなさい。**

ア　雨風にさらされ、土地の毒気にやられて人々はばたばたと死んでいったから。

イ　生活が日ごとに逼迫（ひっぱく）し、その土地の産物を税として納め尽くして引っ越しを余儀なくされたから。

ウ　家の収入も税にとられてしまったので、他の土地を求めて移住したから。

エ　村にやって来た役人たちの騒々しさに、安らかでいられず蛇を育てて納めることが難しいから。

〔　　〕

## 第四段落

**9** **「一歳之犯レ死者二焉。」（一〇四・9）とはどのような意味か。次から選びなさい。** ▼脚問3

ア　一年の間に死ぬような思いをしたのは、二回だけだった。

イ　一生の間に死ぬような思いをしたのは、二回だけだった。

ウ　一年中、死を覚悟して仕事をしたのは、二回だけだった。

エ　一生に二度は死を覚悟して仕事をしなければならなかった。

〔　　〕

**10** **「吾郷隣之旦旦有レ是」（一〇四・10）とあるが、この部分を「是」の内容を明らかにして説明した次の文の空欄に入る適当な語句を、十五字以内で書きなさい。**

村の人々が毎日〔　　　　〕こと。

## 第五段落

**11** **「苛政猛二於虎一也。」（一〇五・2）とあるが、①「苛政」、②「虎」とは、この話の中では何のことか。それぞれ説明しなさい。** ▼脚問4

①〔　　　　〕

②〔　　　　〕

## 全体

**12** **作者は為政者に何を期待して、この文章を書いたのか。二十五字以内で説明しなさい。** ▼学習四

**13** 新傾向 **次の生徒の感想のうち、本文の内容をふまえていないものを、すべて選びなさい。**

生徒A：蛇を捕らえることで税を免れることができるなんて、特権だよね。永州の人たちが先を競って蛇を捕らえようとした気持ちがよくわかるよ。

生徒B：蔣氏はかわいそうだよね。祖父も父も蛇捕りのために命を落として自分も死にそうになったんだから。蛇捕りの仕事を辞めたいと思うのも当然だよ。

生徒C：作者は蔣氏に同情して、蔣氏の税を蛇とは違うものに変更することを約束し、実行したね。でもそれは蔣氏にとっては余計なお世話だったんだね。

生徒D：作者が悲しく思ったのは、蔣氏の置かれている立場だよね。孔子が「苛政は虎よりも猛なり。」と言っていたことを、前からそう思っていたのだけど、蔣氏を知って本当だと改めて思っているね。

生徒〔　　〕

学習目標　構成に留意して、詩に表れた作者の思いや、詩に描かれた人物の思いを読み取る。

# 古体の詩（行行重行行・責子・石壕吏）

教科書p.108〜p.111

検印

## 要点の整理

思考力・判断力・表現力

○次の空欄に適語を入れて、各詩の大意を整理しなさい。

| 行行重行行 | 責子 | 石壕吏 |
|---|---|---|
| あなたはどんどん旅を続けられ、〔ア　〕別れになってしまった。<br>お互い別れること〔イ　〕、それぞれ〔ウ　〕の一方に離れ離れになっている。<br>二人を融てる〔エ　〕はけわしく遠く、いつ会えるかわからない。<br>胡馬、越鳥でさえも恋い慕う〔オ　〕をあなたはどうして恋しく思わないのか。<br>お互いの隔たりは日増しに遠くなり、私の身は〔カ　〕て着物はだぶだぶ。<br>〔キ　〕はあっという間に去り、私も老け込んだ。もう何も言うまい。どうかお体を大切に。 | 年老いた私には〔ク　〕人の男の子がいるが、どの子も〔ケ　〕が嫌い。<br>阿舒は〔コ　〕歳なのに大変な怠け者。阿宣はもうすぐ〔サ　〕歳なのに学問が嫌い。<br>雍と端は〔シ　〕歳になるが、六と七との〔ス　〕もつかない。<br>通は九歳になろうというのに梨と栗とを〔セ　〕ばかり。<br>しかし、これも〔ソ　〕というなら、〔タ　〕でも飲んで気晴らしをしよう。 | 〔チ　〕という村に宿を求めた夜のこと、徴兵の〔ツ　〕がやってきたので〔テ　〕は素早く逃げた。<br>その家の〔ト　〕が徴兵の〔ナ　〕に応対している言葉を聞いた。<br>そこの〔ニ　〕人の息子はみな徴兵され、〔ヌ　〕人が死んだ。<br>残っているのは乳飲み児の〔ネ　〕とその母である嫁とおばあさんの三人だけ。<br>戦場の炊事の役で行けるのは〔ノ　〕しかおらず、その夜のうちに出発した。<br>夜が明けて私は〔ハ　〕に挨拶をして村を出た。 |

## 語句・句法

知識・技能

**1** 次の語の読み（送り仮名を含む）と意味を調べなさい。

① 各（p.108 ℓ.3）〔　〕〔　〕

② 総て（p.109 ℓ.4）〔　〕〔　〕

③ 垂んとす（ℓ.8）〔　〕〔　〕

④ 苟しくも（ℓ.9）〔　〕〔　〕

⑤ 新たに（p.110 ℓ.6）〔　〕〔　〕

**2** 次の文を書き下し文に改めなさい。

① 卮（し）酒（しゅ）安（クンゾ）足（ランヤ）レ辞（スルニ）。〔　〕

② 令（ム）二四面（ノ）騎（ヲシテ）馳（はせ）下（くだラ）一。〔　〕

③ 不二復（タ）更（かへ）レ人（ヲ）。〔　〕

④ 何（ゾ）楚人之多（キ）也。〔　〕

## 内容の理解　思考力・判断力・表現力

**1** 「行行重行行」詩について、次の問いに答えなさい。

(1) 「君」（一〇八・2）とは、①誰のことか答えなさい。また、②具体的にどういう語で示されているか。詩中から抜き出しなさい。（訓点不要）

① 〔　〕　② 〔　〕

(2) 「会面安可レ知」（一〇八・4）の意味を、次から選びなさい。

ア 今度こそ必ず会いたいものだ。
イ 今度どうしたら会うことができるか。
ウ 今度はいつ会えるかわからない。
エ 今度はいつ会えるのだろうか。

〔　〕

(3) 「胡馬依二北風一、越鳥巣二南枝一」（一〇八・5）の意味を、次から選びなさい。

ア 馬や鳥にとって故郷というものはない。
イ 馬や鳥でさえ故郷を恋い慕う。
ウ 馬や鳥は今いる所を故郷と思う。
エ 馬や鳥にとって故郷はどこにでもある。

〔　〕

(4) 「衣帯日已緩」（一〇八・6）の理由を、次から選びなさい。

ア 夫のことが心配で、着物の手入れをする気も起こらないから。
イ 夫のことをあきらめて、気持ちがふっ切れたから。
ウ 夫の帰りが待ち遠しくて、食事ものどを通らないから。
エ 夫との距離が遠くなり、心労でやせ細ったから。

〔　〕

(5) 「令二人老一」（一〇八・8）とはどういうことか。十五字以内で説明しなさい。

(6) 「棄捐」（一〇九・1）とは何をうち捨てるのか。次から選びなさい。

ア 夫への思い。　イ 妻への思い。
ウ 故郷への思い。　エ 家族への思い。

〔　〕

(7) 「努力加二餐飯一」（一〇九・1）は、①誰に対する言葉か。また、②どういう気持ちが表されているか。答えなさい。

① 〔　〕　② 〔　〕



**2** 「責レ子」詩について、次の問いに答えなさい。

(1) 「白髪被二両鬢一、肌膚不二復実一」（一〇九・3）は、誰のどういう状態を表したものか。十字以内で答えなさい。

(2) 「五男児」（一〇九・4）に共通した特徴はどういうところか。十字以内で答えなさい。▼学習二

(3) 「懶惰故無レ匹」（一〇九・5）の意味を、次から選びなさい。

ア もともと比べもののないお人よしである。
イ もともと比べもののない怠け者である。
ウ 怠け者なので以前から友達がいない。
エ 怠け者なので以前から勉強ができない。

〔　〕

(4) 「文術」（一〇九・6）と同じ意味の語を詩中から抜き出しなさい。（訓点不要）

〔　〕

(5) 「不レ識二六与レ七一」（一〇九・7）はどういうことか。十五字以内で説明しなさい。

(6)「如レ此」（一〇九・9）の「此」は何をさすか。三十字以内で説明しなさい。

(7)「且進二杯中物一」（一〇九・9）の意味を、次から選びなさい。 ▼学習二

ア　息子たちのことはさしあたり置いて、酒でも飲んで楽しもう。
イ　息子たちの前途を祝して、ゆっくり酒でも飲もう。
ウ　息子たちのことを考えると酒で気晴らしをせずにはいられない。
エ　息子たちのことはあきらめて酒を飲むしかない。

［　　］



**3**「石壕吏」詩について、次の問いに答えなさい。

(1)「老翁踰レ牆走」（一一〇・3）の理由を十字以内で答えなさい。

(2)「一何怒」（一一〇・4）の意味を、次から選びなさい。

ア　本当にどうして怒っているのか。
イ　一体何を怒っているのか。
ウ　何と怒りに満ちていることか。
エ　一体いつから怒っているのか。

［　　］

(3)「致レ詞」（一一〇・5）について、次の問いに答えなさい。

①どこまでかかるか、かかる終わりの句を抜き出しなさい。（訓点不要） ▼脚問7

［　　］

②内容として適当でないものを、次から選びなさい。

ア　三人の息子は徴兵され、戦場に行った。
イ　家には息子の嫁と孫がいる。
ウ　三人の息子のうち次男が死亡した。
エ　三人の息子のうち二人が死亡した。

［　　］

石壕吏

(4)「且偸レ生」（一一〇・7）を具体的に表した一句を抜き出しなさい。（訓点不要）

［　　］

(5)「孫有二母未レ去」（一一〇・9）で、孫の母親が去らない理由を、次から選びなさい。

ア　外出する着物もろくにないから。
イ　自分の乳で育てなければならない子がいるから。
ウ　年老いた父母の面倒を見なければならないから。
エ　徴兵された夫の帰りを待っているから。

［　　］

(6)「夜久語声絶」（一一一・1）の意味を、次から選びなさい。 ▼脚問8

ア　夜が更けて老婦と役人の話し声がとだえ、
イ　夜が更けて老婦と嫁の話し声がとだえ、
ウ　夜が更けて老翁と老婦の話し声がとだえ、
エ　夜が更けて老翁と役人の話し声がとだえ、

［　　］

(7)「独与二老翁一別」（一一一・2）からわかることは何か。適当なものを、次から選びなさい。

ア　老婦は徴用されずにすんだ。
イ　老婦と老翁は徴用されずにすんだ。
ウ　老婦と嫁は徴用されて戦場へ行った。
エ　老婦は徴用されて戦場へ行った。

［　　］

(8)作者がこの詩で描きたかったものは何か。二十字以内で簡潔に説明しなさい。

学習目標　構成に留意して、詩に表れた作者の思いや、詩に描かれた人物の思いを読み取る。

# 古体の詩（長恨歌）

教科書 p.112～p.117

検印

## 展開の把握

思考力・判断力・表現力

○次の空欄に適語を入れて、内容を整理しなさい。　▼学習一

| 第一段（初め ～ p.113 ℓ.3） | 第二段（p.113 ℓ.4 ～ p.114 ℓ.6） | 第三段（p.114 ℓ.7 ～ p.115 ℓ.5） | 第四段（p.115 ℓ.6 ～ 終わり） |
|---|---|---|---|
| 玄宗皇帝は長年絶世の（ア　　）を得たいと願っていたが、とうとう（イ　　）を見つけ出した。彼女は（ウ　　）で入浴を賜って以来、玄宗の（エ　　）を一身に集めた。玄宗は政務を忘れ（オ　　）にのめり込んだ。楊氏一族も（カ　　）を極め、世間から羨望のまなざしで見られるようになった。 | （キ　　）の乱によって二人の生活は一変し、（ク　　）へ逃れることになったが、途中で（ケ　　）は殺された。玄宗はむなしく（コ　　）に入り、やがて時局が変わり都へ帰った。途中で楊貴妃が最期をとげた（サ　　）の坂を訪れ、悲しみを新たにした。 | 都の（シ　　）はもとのままで、楊貴妃への思慕の情は募るばかりであった。はるかに遠い生と（ス　　）とに分け隔てられ、年を経たが、楊貴妃の魂は（セ　　）にさえ現れることはない。 | 苦悩する玄宗に同情して、（ソ　　）の道士が楊貴妃の（タ　　）を捜すことになった。海上の仙宮にいた楊貴妃は（チ　　）と名乗っていた。別れ際に（ツ　　）を形見として道士に渡し、かつて玄宗と（テ　　）で交わした（ト　　）の鳥と連理の枝の誓いを伝言した。この二人の思慕の情は（ナ　　）に尽きないであろう。 |

## 語句・句法

知識・技能

**1** 次の語の読み（送り仮名を含む）と意味を調べなさい。

p.112 ℓ.10 ①専らにす

p.113 ℓ.3 ②遂に

p.114 ℓ.2 ③少に

ℓ.7 ④尽く

p.117 ℓ.2 ⑤会ず

**2** 次の文を書き下し文に改めなさい。

①無シ二遠キ慮（おもんぱかり）一。

②為スコトレ之ヲ奈何。

③如何ゾ可ケンレ謂フレ仁ト乎。

④未ダレ足ラ二与（とも）ニ議スルニ一也。

## 内容の理解

思考力・判断力・表現力

### 第一段

**1** 「難㆓自棄㆒」(一二二・4)の意味を、次から選びなさい。 ▼脚問1

ア そのまま捨ておかれるわけはない。
イ 自分自身で捨てておくことはできない。
ウ そのままの姿では世間の人に認められない。
エ 自然と捨てられるわけではない。

〔　　〕

**2** 「六宮粉黛無㆓顔色㆒」(一二二・5)は、楊貴妃の何を表現しているのか。十字以内で答えなさい。

〔　　　　　　　　　　〕

**3** 「侍児扶起嬌無㆑力」(一二二・7)は何を表現したものか、次から選びなさい。

ア 楊貴妃が温泉に入って美しくなったさま。
イ 楊貴妃の細身のさま。
ウ 楊貴妃のなまめかしいさま。
エ 楊貴妃が眠り込んだざま。

〔　　〕

**4** 「三千寵愛在㆓一身㆒」(一二二・11)について、内容を説明した次の文章の空欄に入れるのに適当な語を、一二二ページから抜き出しなさい。(訓点不要)

〔①〕人の〔②〕に分配されるべき〔③〕の〔④〕が、楊貴妃一人に集中することになった。

①〔　　〕 ②〔　　〕
③〔　　〕 ④〔　　〕

**5** 玄宗の楊貴妃に対する溺愛ぶりを表すと同時に、唐王朝の崩壊を暗示する句を、一二二ページから抜き出しなさい。(訓点不要)

〔　　〕

### 第一段

**6** 「可㆑憐」(一二三・2)の意味を、次から選びなさい。

ア 実は気の毒なことだ。
イ ああ、すばらしいことだ。
ウ なんとかわいそうなことだ。
エ なんと愛らしいことだ。

〔　　〕

**7** 「驚破霓裳羽衣曲」(一二三・6)という表現が暗示しているものは何か。次から選びなさい。

ア 盛大な宴席が無粋な太鼓の音で白けてしまったこと。
イ 玄宗と楊貴妃の歓楽の生活が破局を迎えたこと。
ウ 安禄山が玄宗の宴席に参加したこと。
エ 安禄山が楊貴妃を捕らえに来たこと。

〔　　〕

### 第二段

**8** 「六軍不㆑発無㆓奈何㆒……廻看血涙相和流」(一二三・9〜11)から、楊貴妃をさす語を一つ抜き出しなさい。(訓点不要)

〔　　〕

**9** 「旌旗無㆑光日色薄」(一二四・2)について、次の問いに答えなさい。

(1) 「旌旗」と同様の意味の語を、これより前の詩中から抜き出しなさい。(訓点不要)

〔　　〕

(2) この情景が暗示しているのはどういうことか。十五字以内で答えなさい。

〔　　　　　　　　　　〕

**10** 「到㆑此躊躇不㆑能㆑去」(一二四・5)について、次の問いに答えなさい。 ▼脚問3

(1) 「此」とはどこか。詩中から抜き出しなさい。(訓点不要)

〔　　〕

## 第二段

(2) ① 「躊躇不能去」は誰の状態を表しているか答えなさい。また、
② なぜ「躊躇不能去」なのか、十五字以内で答えなさい。

① 〔　　　〕

② 

## 第三段

**11** 「信馬帰」（二四・7）から、玄宗のどのような気持ちが読み取れるか。適当なものを次から選びなさい。

ア 楊貴妃を失った悲しみを新たにした傷心の気持ち。
イ 楊貴妃の霊を慰めるために残りの人生を捧げようという気持ち。
ウ 政治に対する絶望を新たにした気持ち。
エ 楊貴妃の後を追って自分も死のうという気持ち。

〔　　　〕

**12** 「如何不涙垂」（二四・9）の意味を、次から選びなさい。

ア どうして涙が流れないのだろうか。
イ どうやって涙を流さないようにしようか。
ウ どうして涙を流さずにいられようか。
エ どうしたら涙が流れるのだろうか。

〔　　　〕

**13** 「西宮南苑多秋草」（二四・11）「宮葉満階紅不掃」（同）の二句が暗示しているものを、次から選びなさい。

ア 玄宗の栄華と没落。
イ 自然の悠久さと人生のはかなさ。
ウ 宮廷の自然の多さと広大さ。
エ 玄宗の孤独と不遇。

〔　　　〕

**14** 「教方士殷勤覓」（二五・7）の結果、発見した内容についてまとめた次の文の空欄に入れるのに適当な語を、詩中から抜き出しなさい。（訓点不要）

楊貴妃の〔　①　〕は〔　②　〕にある仙山の楼閣にいる〔　③　〕となっており、〔　④　〕と名乗っていた。

① 〔　　　〕　② 〔　　　〕

③ 〔　　　〕　④ 〔　　　〕

## 第四段

**15** 「梨花一枝春帯雨」（二六・7）は誰のどのような様子をたとえたものか。簡潔に答えなさい。

〔　　　〕

**16** 「詞中有誓両心知」（二七・3）について、次の問いに答えなさい。

(1) ① 「詞」はどこからどこまでか、初めと終わりの三字を抜き出しなさい。（訓点不要）また、② 「両心」とは誰の心か、答えなさい。

① 　　　〜　　　

② 〔　　　〕

(2) 「誓」の内容はどういうものか。詩中から抜き出しなさい。（訓点不要）

〔　　　〕

## 全体

**17** この詩の主題を、次から選びなさい。

ア 死によって引き裂かれても続く愛の誓い
イ 死後の直接の再会によって達成された愛の約束
ウ 非業の死によって引き裂かれた運命への恨み
エ 若くしてこの世を去った楊貴妃への恨み

〔　　　〕

学習目標　医薬の効能に関する欧陽脩と蘇軾の会話を読み、それぞれの発言の意図を読み取る。

# 医薬談笑

教科書p.120～p.121

検印

## 展開の把握

思考力・判断力・表現力

▼学習一

○次の空欄に適語を入れて、内容を整理しなさい。

| 第一段落（初め～p.120 ℓ.5） | 第二段落（p.120 ℓ.6～p.120 ℓ.7） | 第三段落（p.120 ℓ.8～終わり） |
|---|---|---|
| 薬の事例 | カ〔　　〕の見解 | ク〔　　〕の反論 |
| 病気になった人がいた。〔ア　　〕が病気になった理由を尋ねると、患者は、「船に乗っているときに〔イ　　〕に遭い、おびえてこの病気になった。」と答えた。医者は、船の舵で、長年船頭が握って〔ウ　　〕の汗がしみこんだ部分を取り寄せ、これを削って粉にして丹砂や茯神の類に混ぜた。患者はこれを飲んで病気が治った。『本草注別薬性論』にも「〔エ　　〕を止めるには、麻黄の根や節と古い竹の〔オ　　〕を粉末にして服用する。」と書いてある。 | 「医者が症状に関係するものを薬に用いる場合は、これに似ているものが多い。一見、〔キ　　〕に似ているが、時には実際に効き目があり、まんざら疑ってばかりもおれない。」 | 「〔ケ　　〕と墨を焼いて灰にしたものを、勉強する者に飲ませれば、愚かで怠惰な状態を治すことができるのだろうか。この考えを広げていけば、〔コ　　〕が手を洗った水を飲めば、貪欲な心を治すことができ、比干の食べ残しを食べれば、人にこびへつらうのをやめることができ、樊噲の〔サ　　〕を舐めれば、卑怯な性格を治すことができることになる。」〔シ　　〕は〔ス　　〕の反論を聞いて、大笑いした。 |

## 語句・句法

知識・技能

**1** 次の語の読み（送り仮名を含む）と意味を調べなさい。

- p.120 ℓ.2 ①由〔　　〕〔　　〕
- ℓ.4 ②云ふ〔　　〕〔　　〕
- ℓ.7 ③殆ど〔　　〕〔　　〕
- ④易し〔　　〕〔　　〕
- p.121 ℓ.2 ⑤已む〔　　〕〔　　〕

**2** 次の文を書き下し文に改めなさい。

①屈平為ル[二]懐王ノ所ト[レ]任ズル。〔　　〕

②未ダ(ル)[レ]聞カ[二]好ム[レ]学ヲ者ヲ[一]也。〔　　〕

③人当ニ(シ)[レ]惜シム[二]寸陰ヲ[一]。〔　　〕

④以ツテ[レ]臣ヲ弑スルハ[レ]君ヲ、可ケン[レ]謂フ[レ]仁ト乎。〔　　〕

## 内容の理解　思考力・判断力・表現力

### 第一段落

**1** 「有二患レ疾者一。」（一三〇・1）の「疾」はどのような病気か。簡潔に答えなさい。

〔　　　　〕

**2** 「医取下多年柂牙為二柂工手汗所一レ漬処上、刮末、」（一三〇・2）について、次の問いに答えなさい。

(1) 医者が「刮末」したのは、何か。二十字以内で答えなさい。

(2) 医者が「取下多年……刮末」したのは、なぜか。次から選びなさい。

ア　患者の病気には、船に慣れている船頭の手からしみ出た汗を調合すればよいと考えたから。

イ　患者の病気を治すには、手に汗をかくほどの運動が必要であることを暗に示したかったから。

ウ　患者が船の操舵技術に習熟すれば、船に乗って驚くようなことは二度とないと考えたから。

エ　患者の病気には、船に慣れている船頭の手のあかを調合すればよいと考えたから。

〔　　〕

**3** 「故竹扇」（一三〇・5）を薬に混ぜたのは、なぜか。次から選びなさい。

ア　扇は古くなると、薬効のある油を分泌するから。

イ　扇の骨は、麻黄の根節を材料としているから。

ウ　扇であおぐと、汗を止めることができるから。

エ　扇の骨の竹には清涼感があるから。

〔　　〕

### 第二段落

**4** 「初似二児戯一、」（一三〇・6）とあるが、何が「初似二児戯一」というのか。本文中から五字で抜き出しなさい。（訓点不要）

**5** 「或有レ験。」（一三〇・7）の状態と似たことわざがある。漢字一字を補いなさい。

病は〔　〕から

### 第三段落

**6** 「予因謂レ公、」（一三〇・8）とあるが、「予」とは、誰をさすか。書きなさい。

〔　　〕

**7** 「公」が「大笑」（一三一・3）したのは、なぜか。三十字以内で答えなさい。　▶学習二

### 全体

**8** 新傾向　次の本文を読んだ生徒の感想の中から、本文の内容に合っていないものを選びなさい。

生徒A：欧陽脩は、医者は病気の原因となった患者の気持ちを考慮して薬を調合することが多いと考えているんだね。

生徒B：船の舵や竹の扇を混ぜた薬の効き目を欧陽脩も最初は疑っていたけれど、話に聞いたり本で読んだりして、信じるようになったんだね。

生徒C：師である欧陽脩の意見を否定するなんて、蘇軾はなんて失礼な人なんだろう。欧陽脩もあきれて苦笑いしているよ。

生徒D：弟子である蘇軾に自分の意見を否定されても大らかに笑ってみせる欧陽脩は寛大で立派な人だと思うよ。

生徒〔　　〕

学習目標　拾った大金をめぐる登場人物の心理を読み取り、騒動を裁いた聶以道の判決の内容を捉える。

# 賢母辞拾遺

教科書 p.122～p.123

検印

## 展開の把握　思考力・判断力・表現力　▼学習一

○次の空欄に適語を入れて、内容を整理しなさい。

| 第一段落（初め～p.122 ℓ.8） | 第二段落（p.123 ℓ.1～p.123 ℓ.4） | 第三段落（p.123 ℓ.5～終わり） |
| --- | --- | --- |
| ある村人が（ア　　）錠のお金を拾い、帰って母親に渡した。母親は怒って、「盗んできて、私をだますのか。一束ものお金が落ちているはずがない。まして、わが家にこんな大金があったことはなく、すぐに（イ　　）がやってくる。すぐに返して来なさい。」と何度も言ったが、子は従わなかった。母親は「元々拾った場所で待ってさえいれば、きっと落とし主が現れるはずだ。」と言うと、子は母親の命令に従って、お金を持っていった。 | しばらくすると、お金を探す者を見つけた。村人は元々素朴な性格で、落としたお金の額を尋ねずに、お金を渡してしまった。そばで見ていた人は、みな拾い主に褒美を与えさせようとした。落とし主はお礼を渡すのを惜しんで、「私は元々（ウ　　）錠持っていたのに、今は半分しかない。どうして、褒美を渡すことができようか、いや、できない。」と言った。二人はいつまでも口論をし、（エ　　）に訴え出た。 | 役所の長官である（オ　　）が、村人と（カ　　）を呼んで取り調べたところ、証言は一致した。そこで、落とし主には三十錠、拾い主には（キ　　）錠だったと供述書を作成させた。役所で正式に供述書を受け取った後、落とし主に「これはおまえのお金ではない。きっと（ク　　）が賢母にくださったものであろう。（ケ　　）錠は自分で探しに行くがよい。」と言った。こうして、聶以道はお金を（コ　　）に与えた。人々は、聶以道の裁きをほめたたえた。 |

## 語句・句法　知識・技能

**1** 次の語の読み（送り仮名を含む）と意味を調べなさい。

p.122 ℓ.1 ①早に（　　）（　　）

p.123 ℓ.1 ②果たして（　　）（　　）

③尋ぬ（　　）（　　）

④竟に（　　）（　　）

ℓ.3 ⑤纔かに（　　）（　　）

**2** 次の文を書き下し文に改めなさい。

①縦ヒ彼不トモレ言ハ、籍独リ不ランレ愧ヂ二於心ニ一乎。（　　）

②我寧クンゾ不ルレ能ハレ殺スコトレ之ヲ邪。（　　）

③毋カレレ友トスル二不ルレ如カレ己ニ者一ヲ。（　　）

④学若シ不ンバレ成ラ、死ストモ不レ還ラ。（　　）

## 内容の理解

思考力・判断力・表現力

### 第一段落

**1**「母怒」(一二・2)とあるが、なぜ母は怒ったのか。次から選びなさい。

ア　息子に正直になるよう何度も注意したが、承知しないから。
イ　息子は、仕事もせずに、悪い仲間と遊んでばかりいるから。
ウ　息子が、災いの元となりそうなお金を持って帰ったから。
エ　息子が、肝心の野菜を売らずに帰ってきたから。　〔　　〕

**2**「欺レ我」(一二・3)とあるが、母は、どの行為を「欺」の内容だと考えているのか。第一段落(一二・初め～8)から十字以内で抜き出しなさい。(訓点不要)

**3**「此」(一二・4)とは、何をさすか。第一段落(一二・初め～8)から二つ、それぞれ三字以内で抜き出しなさい。(訓点不要)

**4**「弗レ従」(一二・5)とあるが、「子」は、①何に、②どうして従わなかったのか。それぞれ次から選びなさい。

①ア　長官の判決に　　イ　母の命令に
ウ　世の道理に　　エ　村人の意見に

②ア　誰に返せばよいかわからなかったから。
イ　幼いころから母親とは不仲だったから。
ウ　返しに行くのが面倒だったから。
エ　どうしてもお金が欲しかったから。

①〔　　〕②〔　　〕

### 第二段落

**5**「尋レ鈔者」(一三・1)とは、誰のことか。第二段落(一三・1～4)から抜き出しなさい。

〔　　〕

### 第二段落

**6**「一半」(一三・3)とは、どういうことか。次から選びなさい。

ア　拾ってくれたお礼に、自分と拾い主と折半するということ。
イ　お礼として渡せる金は、一錠とその半分しかないということ。
ウ　落とした三十錠のごく一部しか返ってこなかったということ。
エ　落とした三十錠の半分しか返ってこなかったということ。　〔　　〕

**7**「二人」(一三・6)とは、誰と誰をさすか。次から選びなさい。

ア　お金の落とし主と拾い主の母親。
イ　お金の拾い主とその母親。
ウ　お金の落とし主と拾い主。
エ　お金の拾い主と聶以道。

### 第三段落

**8**聶以道が判決を下す根拠となった点を、第三段落(一三・5～終わり)を参考にして、それぞれ十五字以内で二つ答えなさい。　〔　　〕

### 全体

**9** 新傾向 人々が聶以道の判決を「快」(一三・9)と評したのはなぜか。次の条件に従って答えなさい。

(条件)・「落とし主」「拾い主の母子」を用いて書くこと。
・「判決だったから。」に続くように書くこと。
・三十字以内で書くこと。

判決だったから。

学習目標　作者が買った「柑」の実態とそれを売る者の言い分を捉える。

# 売柑者言

教科書 p.124～p.125

検印

## 展開の把握

思考力・判断力・表現力

○次の空欄に適語を入れて、内容を整理しなさい。

杭州に果物売りがいて、柑子の貯蔵が〔ア　　　〕だった。夏冬を経ても〔イ　　　〕が崩れず、つやがあって美しく、市場に出せば〔ウ　　　〕の値段がつくが人々は争って買う。私が一つ買って割ると、〔エ　　　〕が出たかのようで、においが〔オ　　　〕をつき、中身は干からびてふるわたのようだったので、果物売りに尋ねた。

**果物売りの言葉**

私は長年この商売で〔カ　　　〕を立てています。今まで〔キ　　　〕を言われたことはありません。ただあなたの所にだけ不良品が渡ったのでしょうか。世間に人を欺く者は少なくありません。どうしてただ〔ク　　　〕だけでしょうか。あなたはまだよくこのことを考えていないのです。

今、虎の割り符を身につけ、虎の皮に座る者は〔ケ　　　〕を守る武士の資質を持つ者です。しかし孫子や呉子の〔コ　　　〕を授けることができましょうか。大きな〔サ　　　〕を高々とかぶり、高官の服装をする者は大臣の器を持つ者です。しかし伊尹や皋陶のような〔シ　　　〕を立てられましょうか。盗賊が出ても民が苦しんでも〔ス　　　〕が不正をしても、それに対応する方法を知りません。〔セ　　　〕が破られても修正できず、俸禄を貪って〔ソ　　　〕を知りません。

立派な御殿に住み、ぜいたく三昧の生活をしている者は、畏敬し〔タ　　　〕とするに値しません。

うわべを金や玉のように飾り中身はふるわたのようです。今、あなたはこれを見抜かずに、私の柑子のことばかり言っています。

私は黙ったまま返答しなかった。

## 語句・句法

知識・技能

**1** 次の語の読み（送り仮名を含む）と意味を調べなさい。

① 賈（p.124 ℓ.2）〔　　　〕〔　　　〕

② 食ふ（ℓ.5）〔　　　〕〔　　　〕

③ 售る（ℓ.6）〔　　　〕〔　　　〕

④ 困しむ（p.125 ℓ.4）〔　　　〕〔　　　〕

⑤ 飫く（ℓ.6）〔　　　〕〔　　　〕

**2** 次の文を書き下し文に改めなさい。

① 年月ハ如$_{二}$シ流水ノ去リテ不$_{レ}$ルガ返$_{一}$ラ。〔　　　〕

② 此レ独リ大王之雄風耳。〔　　　〕

③ 不$_{二}$ルコト素餐$_{一}$セ兮、孰レカ大$_{二}$ナラン於是$_{一}$ヨリ。〔　　　〕

④ 明眸皓歯今何クニカ在ル。〔　　　〕

## 内容の理解

思考力・判断力・表現力

### 第一段落

**1** 「善蔵㆑柑。」（一三四・1）とは、どういう意味か。次から選びなさい。

ア 柑子の蔵を上手に建てた。　イ 柑子を一人占めしていた。

ウ 柑子をたくさん貯蔵していた。　エ 柑子の貯蔵が上手だった。　〔　　〕

**2** 「人争鬻㆑之。」（一三四・2）の理由を表す部分を本文中から抜き出し、初めと終わりの三字で答えなさい。（訓点不要）

〔　　　〕〜〔　　　〕

### 第二段落

**3** 「予怪」（一三四・4）とあるが、その理由を三十字以内で答えなさい。

### 第三段落

**4** 「未㆓之思㆒也。」（一三四・7）の「之」は何をさすか。本文中から抜き出しなさい。（訓点不要）

〔　　　〕

### 第四段落

**5** 「果能授㆓孫・呉之略㆒耶。」（一三五・2）とは、どういう意味か。次から選びなさい。

ア 果たして孫子・呉子のように戦えるだろうか。

イ 果たして孫子・呉子のような兵法家を育てられるだろうか。

ウ 果たして孫子・呉子のような戦略を授けられるだろうか。

エ 果たして孫子・呉子のような兵法書を読めるだろうか。　〔　　〕

**6** 「伊・皐之業」（一三五・3）とは、どういうことか。次から選びなさい。

ア 為政者としての立場。　イ 為政者としての業績。

ウ 為政者としての能力。　エ 為政者としての熱意。　〔　　〕

**7** 「不㆑知㆑禦」「不㆑知㆑救」「不㆑知㆑禁」（一三五・4）、「不㆑知㆑理」「不㆑知㆑恥」（一三五・5）の主語を、本文中から二つ抜き出しなさい。

〔　　　〕〔　　　〕

### 第五段落

**8** 「孰不㆓巍巍乎可㆑畏、赫赫乎可㆑象也。」（一三五・7）とは、どのような意味か。次から選びなさい。

ア 誰が高大なさまで畏敬するに値し、光り輝くさまで手本とするに値しないことがあろうか。いや手本に値する。

イ 誰が高大なさまで畏敬するに値せず、光り輝くさまで手本とするに値しないのか。

ウ 高大なさまを畏敬するのと光り輝くさまを手本とするのと、どちらに価値があるのか。

エ 高大なさまを畏敬するのと光り輝くさまを手本とするのと、どちらに価値があるのだろうか。いやどちらにもない。　〔　　〕

### 第六段落

**9** 「金㆓玉其外㆒敗㆗絮其中㆖」（一三五・8）とは、何のたとえか。次から選びなさい。　▼脚問1

ア 為政者たちが、才能に恵まれながら努力をしないこと。

イ 為政者たちが、賄賂で金満家になり仕事をしないこと。

ウ 為政者たちが、うわべは立派に飾っているが実績はないこと。

エ 為政者たちが、うわべを飾りすぎて才能を浪費すること。　〔　　〕

### 全体

**10** 「売柑者」の言葉に作者が返事をすることができなかった理由を説明した次の文の空欄に、適語を補いなさい。　▼学習一

売柑者の、今の世の中は〔 ① 〕だけ立派で〔 ② 〕がないものばかりだという、〔 ③ 〕を〔 ④ 〕にたとえた説明に反論できなかったから。

①〔　　　〕　②〔　　　〕

③〔　　　〕　④〔　　　〕

**学習目標** 対比的構造に注意しながら論理の展開を押さえ、学問を行う態度に関する作者の考えを捉える。

# 為レ学

教科書 p.126～p.128

検印

## 展開の把握

思考力・判断力・表現力

○次の空欄に適語を入れて、内容を整理しなさい。

| 第一段落（初め～p.126 ℓ.3） | 第二段落（p.126 ℓ.4～p.127 ℓ.1） | 第三段落（p.127 ℓ.2～p.127 ℓ.8） | 第四段落（p.127 ℓ.9～終わり） |
|---|---|---|---|
| 世の中のことや〔ア〕に難しいことと〔イ〕しいことの区別があるのだろうか。どちらも実行すれば〔ウ〕しいことも易しくなり、実行しなければ〔エ〕しいことも難しくなる。 | 自分の資質や才能が愚かで平凡であっても、毎日〔オ〕をして長く怠らず、〔カ〕に達しても、愚かで平凡であるかどうかはわからない。逆に人の二倍聡明で鋭敏であっても、これを〔キ〕て用いなければ、愚かで平凡であることと変わらない。孔子の教えは鈍感な弟子の〔ク〕によって伝えられたことを考えると、愚か・平凡・聡明・鋭敏のはたらきは定まっていないことがわかる。 | 蜀の田舎に貧者と富者の二人の〔ケ〕がいた。二人は〔コ〕に行く話をした。貧者は一つの水筒と〔サ〕があれば十分だと言い、富者はここ数年のうちに〔シ〕を買って行こうと思っているが、実現できていないと言った。しかし次の年〔ス〕は普陀山へ行ったことを富者に告げた。はるか遠くの普陀山へ〔セ〕は行けずに貧者が行けたのはなぜか。それは貧者に〔ソ〕があったからだ。人間、〔タ〕を立てれば、この貧者の僧と同じように困難なことも実現できるのだ。 | だから自分の聡明と〔チ〕を頼りにして学ばない者は自分をだめにする者であり、自分の愚かと〔ツ〕を限定せずに〔テ〕に励んで飽きない者は自ら励む者として評価できる。 |

## 語句・句法

知識・技能

**1** 次の語の読み（送り仮名を含む）と意味を調べなさい。

| | |
|---|---|
| p.126 ℓ.4 | ①逮ぶ |
| ℓ.6 | ②聡にして |
| ℓ.8 | ③卒に |
| p.127 ℓ.3 | ④恃む |
| ℓ.11 | ⑤倦む |

**2** 次の文を書き下し文に改めなさい。

①君子不レバ重カラ則チ不レ威アラ。

②野馬也、塵埃也、生物之以テレ息ヲ相吹ケルモノ也。

③吾無シ三以テ見ル二子胥ヲ一。

④今日之事何如。

## 内容の理解

思考力・判断力・表現力

### 第一段落

**1** 「天下事」（一二六・1）と「人之為レ学」（一二六・2）に共通して大切なことは何か。次から選びなさい。

ア 難しいことは人に聞き、易しいことは自分で実行すること。
イ 難しいことは全力で、易しいことは半分の力で実行すること。
ウ 難しいか易しいかにかかわらず実行すること。
エ 難しいことを避け、易しいことだけ実行すること。

〔　〕

**2** 筆者は、自分が「昏」（一二六・4）や「庸」（同）のとき、これを克服する方法は何だと述べているか。本文中から抜き出し、初めと終わりの三字を書きなさい。（訓点不要）

［　　　］～［　　　］

### 第二段落

**3** 「亦不レ知二其昏与一レ庸也。」（一二六・5）とは、どういうことか。次から選びなさい。 ▼脚問1

ア 自分が「昏庸」であることはどうでもよいことだ。
イ 自分が「昏庸」かどうかはわからない。
ウ 自分が「昏庸」より上か下かはどうでもよいことだ。
エ 自分が「昏庸」だからといって落ち込むことはない。

〔　〕

**4** 筆者は、自分が人の二倍「聡」（一二六・6）や「敏」（同）のとき、やってはならないことは何だと述べているか。本文中から抜き出しなさい。（訓点不要）

〔　　　　〕

**5** 「豈有レ常哉。」（一二六・8）とはどういう意味か。次から選びなさい。

ア 才能の有無は固定的であり、努力では変えられない。
イ 才能の有無は固定的ではないが、努力だけでは変えられない。
ウ 才能の有無は固定的であるが、努力で変わり得る。
エ 才能の有無は固定的ではなく、努力で変わり得る。

〔　〕

### 第三段落

**6** 普陀山に行く際の「富者」と「貧者」の考え方の違いとして適当なものを次から選びなさい。

ア 富者は相応の準備をしなければ実現は困難だと考えているのに対して、貧者は特に必要なものはないと考えている。
イ 富者は特に必要なものはないと考えているのに対して、貧者は相応の準備をしなければ実現は困難だと考えている。
ウ 富者は船を買って準備をしなければ実現は困難だと考えているのに対して、貧者も水筒と椀以外にも必要なものがあると考えている。
エ 富者は船を買って準備をしなくても実現は可能だと考えているのに対して、貧者も特に必要なものはないと考えている。

〔　〕

**7** 「僧富者不レ能レ至、而貧者至レ之。」（一二七・7）とあるが、その理由を二十五字以内で説明しなさい。

［　　　　　　　　　　］

### 全体

**8** 新傾向 作者は学問において何が重要だと考えているか。次の文の空欄に入る適語を、あとの条件に従って書きなさい。 ▼学習二

「聡・敏」である者は、〔　①　〕こと、「昏・庸」である者は、〔　②　〕ことを避け、〔　③　〕をもつことが重要である。

（条件）・①・②はその素質が学ぶ者に与える影響について書くこと。
・①・②は十五字以内、③は八字以内で書くこと。

①［　　　　］
②［　　　　］
③［　　　　］

**学習目標** 王位継承をめぐる戦いの経緯を人物関係とともに押さえ、敵味方に分かれた友情の顚末を捉える。

# 管鮑之交

教科書 p.132～p.135

検印

## 展開の把握

思考力・判断力・表現力

○次の空欄に適語を入れて、内容を整理しなさい。

| 桓公　心に管仲を殺さんと欲す（初め ～ p.134 ℓ.3） | 鮑叔能く…（p.134 ℓ.4 ～終わり） |
| --- | --- |
| 斉の〔ア　　〕が魯の〔イ　　〕を殺したので、襄公の弟たちは禍が及ぶのを恐れ、〔ウ　　〕は魯国に逃れ、〔エ　　〕と〔オ　　〕がそれに従い、〔カ　　〕は莒国へ逃れ、〔キ　　〕が従った。<br>襄公を殺して、一時斉侯となった〔ク　　〕を雍林の人が殺すと、斉では次の君主に〔ケ　　〕を招こうとした。一方、魯の国でも無知の死を聞いて、兵を出して〔コ　　〕を送り届けようとした。さらに、〔サ　　〕に命じて、莒国から来る〔シ　　〕を妨害させた。管仲は、矢を小白に向けて射た。すると、それは小白の〔ス　　〕に命中したので、小白は死んだように偽って〔セ　　〕を乗せる温涼車に乗って疾走した。一方、〔ソ　　〕は小白が死んだと思ったので、そう報告させると、魯の糾を送る部隊はのんびり進み、〔タ　　〕かかって斉へ到着した。そのときには、すでに小白は〔チ　　〕に入って即位していた。これが〔ツ　　〕である。<br>秋、斉軍は魯軍と〔テ　　〕で戦い、〔ト　　〕軍を敗走させ、書面で糾の処刑と召忽・管仲の引き渡しを要求した。魯では〔ナ　　〕を処刑し、〔ニ　　〕は自殺し、〔ヌ　　〕は思うところがあって斉に引き渡されることを望んだ。実はこの書面は〔ネ　　〕の助言によるものであり、鮑叔は〔ノ　　〕を主君桓公に推挙することをもくろんでいた。〔ハ　　〕はそれを察したのである。「天下の〔ヒ　　〕になるためには〔フ　　〕の力が必要だ。」という鮑叔の言葉を受け入れた〔ヘ　　〕は彼を丁重に迎え入れ、〔ホ　　〕に任じ、国政を任せた。 | 管仲は〔マ　　〕の人である。若いときには常に〔ミ　　〕と交際した。鮑叔は管仲の〔ム　　〕なことを知っていた。管仲が言うことには、「わたしを生んでくれたのは〔メ　　〕であるが、本当に理解してくれているのは〔モ　　〕である。」と。 |

## 語句・句法

知識・技能

**1** 次の語の読み（送り仮名を含む）と意味を調べなさい。

| | 語 | 読み | 意味 |
| --- | --- | --- | --- |
| p.132 ℓ.3 | ①奔る | 〔　　〕 | 〔　　〕 |
| ℓ.4 | ②少し | 〔　　〕 | 〔　　〕 |
| ℓ.7 | ③将ゐる | 〔　　〕 | 〔　　〕 |
| p.133 ℓ.9 | ④竟に | 〔　　〕 | 〔　　〕 |
| p.135 ℓ.7 | ⑤有つ | 〔　　〕 | 〔　　〕 |

**2** 次の文を書き下し文に改めなさい。

①古之君ニ有リ下以ツテ二千金ヲ一使ムル三涓（けん）人ヲシテ求メ二千里ノ馬ヲ一者上。
〔　　　　〕

②北軍掃（はら）ヒレ営ヲ、荷担シテ将ニレ去ラント。
〔　　　　〕

③未ダル三嘗テ至ラ二於偃（えん）之室ニ一也。
〔　　　　〕

④厚キ者ハ為ラレレ戮（りく）セ、薄キ者ハ見レ疑ハ。
〔　　　　〕

## 内容の理解

**1** 新傾向 **ある生徒が「桓公　心に管仲を殺さんと欲す」（初め～一三四・3）のあらすじと人間関係を次のように表にまとめた。空欄①～⑨に入る適語を書きなさい。** 思考力・判断力・表現力 ▶学習一

糾（兄）↑　無知の亡きあと斉の王位を争う。↓小白（弟）

| | 襄公 | 無知 | | | 桓公 |
|---|---|---|---|---|---|
| 〔①〕と召忽 | ←〔②〕へ逃げる。（母の出身地） | 無知の死を聞き、糾は斉に向かう。 | ←〔①〕は途中で待ち伏せて、小白に矢を射る。 | ←暗殺成功と思いこみ、糾はゆっくり斉に行くが、小白にくい止められた。 | ←魯に帰る。<br>糾、魯の人に殺される。<br>〔⑦〕自殺する。<br>〔①〕捕虜となる。 |
| 鮑叔 | ←〔③〕へ逃げる。<br>斉の大夫〔④〕と懇意であった。 | 斉の高氏と国氏が小白を斉に呼び戻す。 | ←小白は〔⑤〕をした。（矢は帯の留め金に当たった。） | ←先に斉に入り、〔④〕のとりはからいで即位し、桓公となる。 | 小白（桓公）、魯に〔⑥〕の殺害を命ずる。<br>鮑叔は〔⑧〕に管仲を推挙する。<br>←桓公、管仲を斉の〔⑨〕とする。 |

① 〔　　〕　② 〔　　〕　③ 〔　　〕
④ 〔　　〕　⑤ 〔　　〕　⑥ 〔　　〕
⑦ 〔　　〕　⑧ 〔　　〕　⑨ 〔　　〕



**2** **「而使㆓管仲別将㆒㆑兵、遮㆓莒道㆒。」（一三三・6）を、口語訳しなさい。**

〔　　　　〕

**3** **「管仲使㆓人馳報㆒㆑魯。」（一三三・8）とあるが、どのような報告をさせたのか。次から選びなさい。**

ア　小白を再起不能にした。
イ　小白を取り逃がしてしまった。
ウ　小白にかなりの傷を負わせた。
エ　小白を殺害した。

〔　　〕

**4** **「発㆑兵距㆑魯。」（一三三・3）とはどういうことか。説明しなさい。**

〔　　　　〕

**5** **「魯人患㆑之、」（一三三・7）の「之」は何をさすか。簡潔にまとめて答えなさい。**

〔　　　　〕

**6** **「心欲㆑殺㆓管仲㆒。」（一三三・8）の理由として適当なものを、次から選びなさい。**

ア　管仲は有能なので、生かしておくとためにならないと思ったから。
イ　前に命を狙われたので、仕返しをしようと思ったから。

ウ　糾の関係者は根絶しようと思ったから。
エ　鮑叔が桓公に殺せと助言したから。
〔　　〕

## 桓公　心に管仲を殺さんと欲す

**7** 「君将㆑治㆑斉、即高傒与㆓叔牙㆒足也。」（一三三・10）の意味を、次から選びなさい。〔　　〕

ア　王が斉の国を治めようとなさるなら、高傒と叔牙とで充分である。
イ　王が斉の国を治めようとなさるなら、高傒と叔牙とでは足りない。
ウ　王が斉の国を治めようとなさらないのなら、高傒と叔牙とで充分である。
エ　王が斉の国を治めようとなさらないのなら、高傒と叔牙とでは足りない。

**8** 「桓公従㆑之。」（一三四・1）とはどうすることか。次から選びなさい。〔　　〕

ア　桓公が管仲に従って言うとおりにすること。
イ　桓公が自分の思うとおりにすること。
ウ　管仲を殺さず任用すること。
エ　管仲を書面に従って殺してしまうこと。

## 鮑叔　能く管仲を知る

**9** 「知㆓其賢㆒。」（一三四・6）とあるが、「其」は誰のことか。次から選びなさい。〔　　〕

ア　管仲　イ　鮑叔　ウ　桓公　エ　諸侯

**10** ①「嘗与㆓鮑叔㆒賈。」（一三四・9）と②「分㆓財利㆒多自与。」（同）の意味を、「与」の用法の違いに注意してそれぞれ書きなさい。

①〔　　〕
②〔　　〕

## 鮑叔　能く管仲を知る

**11** 「吾嘗三仕三見㆑逐㆓於君㆒。」（一三四・11）を、口語訳しなさい。

〔　　〕

**12** 「鮑叔不㆓以㆑我為㆑無㆑恥。」（一三五・4）の意味を、次から選びなさい。〔　　〕

ア　鮑叔は、私を辱めることをしないでおいてくれた。
イ　鮑叔は、私には恥ずかしいところはないとは思っていなかった。
ウ　鮑叔は、私が恥をかかないようにしてくれなかった。
エ　鮑叔は、私を恥知らずとは思わなかった。

**13** 管仲の述懐の中で、鮑叔の友情に感謝している気持ちが最もよく表れている部分を抜き出しなさい。（訓点不要）

〔　　〕

**14** 「以㆑身下㆑之。」（一三五・6）とはどういう意味か。次から選びなさい。〔　　〕 ▼脚問1

ア　管仲は鮑叔を自分の下につけた。
イ　鮑叔は管仲の下の地位についた。
ウ　鮑叔は管仲に、自分の下につくことを勧めた。
エ　鮑叔は管仲に、桓公の下につくことを勧めた。

## 全体

**15** 「管鮑之交」とは、現在どのような意味で使われているか、答えなさい。

〔　　〕

**16** 「管鮑之交」と同じような意味の言葉を、次から選びなさい。〔　　〕

ア　烏合の衆　イ　漁夫の利
ウ　犬猿の仲　エ　刎頸の交わり

# 孫臏

教科書p.136～p.139

検印

## 展開の把握　思考力・判断力・表現力

○次の空欄に適語を入れて、内容を整理しなさい。

| 孫臏　斉の威王の師と為る（初め ～ p.137 ℓ.7） | 遂に豎子の名を成さしむ（p.137 ℓ.8 ～ 終わり） |
|---|---|
| 孫臏は以前、龐涓と〔ア　　〕を学んでいた。〔イ　　〕国の将軍となった龐涓は、自分より優れた孫臏の能力をねたみ、彼を〔ウ　　〕国に呼び寄せ、無理やり罪に陥れ、両足を断ち、顔に〔エ　　〕を入れ、人前に出られないようにした。<br>魏にやってきた〔オ　　〕国の使者に才能を見込まれ、〔カ　　〕国に赴いた孫臏は、将軍の〔キ　　〕に厚遇された。<br>孫臏は、〔ク　　〕のために、馬や馬車を走らせながら弓で的を射る競技に勝つ方法を教え、〔ケ　　〕勝〔コ　　〕敗の結果をもたらした。<br>孫臏は、威王に推挙され、王は〔サ　　〕を質問し、彼を〔シ　　〕にした。 | 魏は、趙といっしょに〔ス　　〕を攻撃した。〔セ　　〕が〔ソ　　〕に救援を求めたので、魏の将軍の龐涓は引き上げて帰国した。<br>孫臏は、〔タ　　〕の言葉を引用しながら、魏軍が斉軍のことを〔チ　　〕者と考えていることを利用して、魏軍を昼夜兼行で進軍させる策を〔ツ　　〕に進言した。<br>孫臏は、道の両側が険しい〔テ　　〕の地に〔ト　　〕を置いた。<br>夕暮れ時、大樹の表皮に「龐涓はこの樹の下で死ぬ」と書き付けられた文字を読もうと、龐涓が火をともした瞬間、それを合図に斉軍のいしゆみが発射され、龐涓は自刎した。<br>斉軍は魏の太子〔ナ　　〕を〔ニ　　〕にして勝利の帰還を果たした。<br>孫臏は、この戦いで〔ヌ　　〕が天下に広まった。そして世間に彼の〔ネ　　〕が伝えられている。 |

## 語句・句法　知識・技能

1 次の語の読み（送り仮名を含む）と意味を調べなさい。

① 倶に（p.136 ℓ.2）〔　　〕〔　　〕
② 陰かに（ℓ.3）〔　　〕〔　　〕
③ 之く（ℓ.7）〔　　〕〔　　〕
④ 信に（p.137 ℓ.2）〔　　〕〔　　〕
⑤ 固より（p.138 ℓ.9）〔　　〕〔　　〕

2 次の文を書き下し文に改めなさい。

① 好ムモレ読ムヲレ書ヲ、不レ求メ二甚ダシクハ解スルコトヲ一。
〔　　〕
② 我甚ダ不レ好マレ酒ヲ。
〔　　〕
③ 当ニシ如クナルレ此クノ。
〔　　〕
④ 吾令ム三人ヲシテ望マ二其ノ気ヲ一。
〔　　〕

## 内容の理解

思考力・判断力・表現力

**1** 「自以為三能不レ及二孫臏一。」（一三六・3）について、次の問いに答えなさい。

(1) このような龐涓の認識は、どのようなもの（思い）へと増幅されていったか。次から選びなさい。

ア　憧憬　イ　嫉妬　ウ　悲嘆　エ　落胆　〔　　〕

(2) その思いは、龐涓のどのような行為を導いたか、本文中から十五字以内で抜き出しなさい。（訓点不要）

**2** 「説二斉使一。」（一三六・6）とあるが、孫臏は何を説いたと考えられるか。本文中から抜き出しなさい。（訓点不要）

〔　　〕

**3** 「為レ奇」（一三六・7）の「奇」と同じ意味で使われているものを含む熟語を、次から選びなさい。

ア　奇怪　イ　奇数　ウ　奇才　エ　奇妙　〔　　〕

**4** 「臣能令二君勝一。」（一三七・2）について、次の問いに答えなさい。

(1) この言葉に込められている孫臏の心境を、次から選びなさい。

ア　不安　イ　自信　ウ　疑心　エ　侮蔑　〔　　〕

(2) 孫臏のこの言葉に対し、田忌が「信然レ之」（一三七・2）と反応したことから、どのようなことがわかるか。次から選びなさい。

ア　田忌は、孫臏の洞察力を全面的に信じていた。

イ　田忌は、なんとしても賭けに勝ちたかった。

ウ　田忌は、孫臏の能力を実際に確かめたかった。

エ　田忌は、孫臏の能力を少しは信頼していた。　〔　　〕



(3) (2)と同様の田忌の気持ちが、他の部分でも表現されている。①一三六ページと、②一三七ページから、それぞれ抜き出しなさい。（訓点不要）

①〔　　〕　②〔　　〕

(4) 孫臏のこの言葉は、戦うに際してのどのような心構えを教えるものか。次の空欄に適語を補って答えなさい。

〔①〕の力と〔②〕の力とを知り、事前に〔③〕を見極めて戦うという心構え。

①〔　　〕　②〔　　〕　③〔　　〕

**5** 新傾向　ある生徒が、孫臏が田忌に教えた競馬の対戦方法と結果を次のような図にした。図の空欄①～⑥には適語をあとから選び、⑦・⑧には適当な漢数字を補いなさい。

〈田忌側〉　〈相手側〉

〔①〕↔〔②〕

〔③〕↔〔④〕

〔⑤〕↔〔⑥〕

田忌側の〔⑦〕勝〔⑧〕敗

ア　上駟　イ　中駟　ウ　下駟

①〔　　〕　②〔　　〕　③〔　　〕　④〔　　〕

⑤〔　　〕　⑥〔　　〕

⑦〔　　〕　⑧〔　　〕

**6** 「為レ師」（一三七・7）の「師」とは何か。漢字二字で書きなさい。

**7**「魏将龐涓聞レ之、去レ韓而帰。」（一三七・10）について、次の問いに答えなさい。

(1)「之」がさす一文を本文中から抜き出しなさい。（返り点・送り仮名不要）

〔　　〕

(2)龐涓がこのような動きをとった理由を、十字以内で書きなさい。（句読点を含む）

**8** 新傾向 一三七ページに描かれている状況について、次の図の空欄に入る国名をあとから選び、図の中に書き込みなさい。

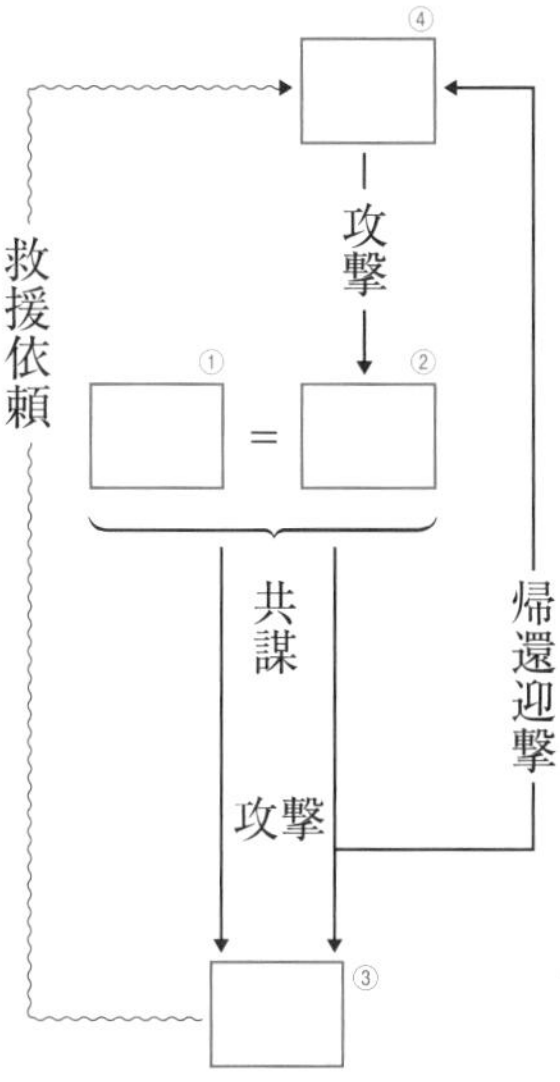


（韓　趙　斉　魏）

**9**「利二導之一。」（一三八・3）について、次の問いに答えなさい。

(1) 新傾向「之」のさす内容について、次の図の空欄に本文中の語句を補って答えなさい。

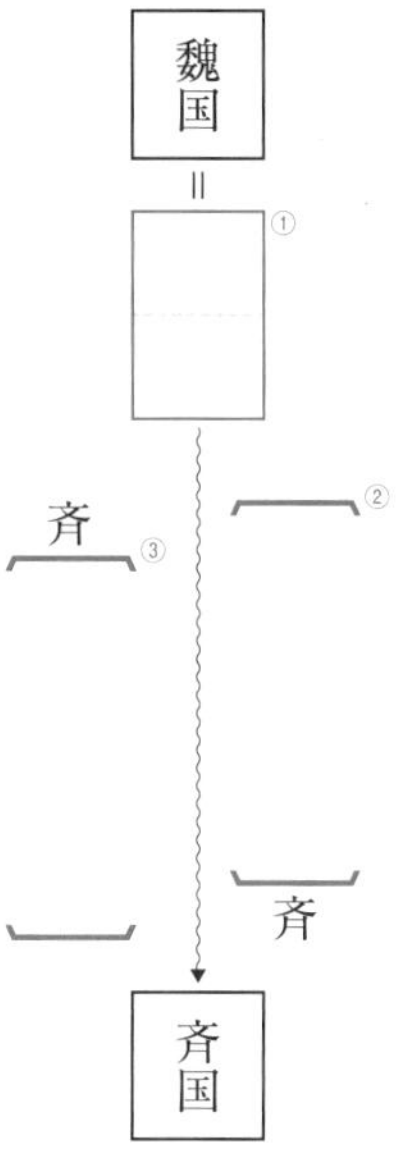




(2)「利導」の意味として適当なものを、次から選びなさい。

ア　正確に認識して相手の意向に沿う。
イ　自国の利益のために積極策をとる。
ウ　うまく利用して勝利に結び付ける。
エ　相手に利益を与えて油断させる。

〔　　〕

**10**「百里而趣レ利者蹶二上将一、五十里而趣レ利者軍半至。」（一三八・4）とあるが、この兵法の要点として適当なものを、次から選びなさい。

ア　無理をして強行軍をすべきではない。
イ　遠くの敵よりも近くの敵を攻めるべきだ。
ウ　遠くの敵も近くの敵も関係なく攻めるべきだ。
エ　進軍の速度をできるだけ上げるべきだ。

〔　　〕

**11** 馬陵での戦いについて、次の問いに答えなさい。

(1)「暮見二火挙一而倶発。」（一三九・4）という指示は、何を予測したものか。二十字以内で説明しなさい。

(2)「魏軍大乱相失。」（一三九・6）という状況を招いたのは、なぜか。次の空欄に適語を補いなさい。

戦いが〔　　〕時であったから。

**12**「遂成二豎子之名一。」（一三九・7）に込められた龐涓の気持ちを、次から選びなさい。 ▼学習二

ア　称賛・後悔　　イ　憧憬・無念
ウ　自嘲・謙遜　　エ　悲憤・悔恨

〔　　〕

学習目標　張儀の行動や自信、蘇秦が張儀に仕掛けた策謀の顚末を捉える。

# 張儀

教科書p.140～p.143

検印

## 展開の把握

思考力・判断力・表現力

○次の空欄に適語を入れて、内容を整理しなさい。

| 吾が舌を視よ…（初め～p.141 ℓ.1） | 辱められて怒る（p.141 ℓ.2～p.142 ℓ.10） | 儀　何ぞ敢へて言はん（p.142 ℓ.11～終わり） |
|---|---|---|
| 張儀は蘇秦とともに〔ア　　〕先生について学んだ。学び終えた張儀が遊説先の〔イ　　〕で、宰相の供をして酒を飲んだとき、宰相の〔ウ　　〕が紛失した。張儀は疑われ〔エ　　〕で何百回も打たれたが何も言わなかった。釈放され家に帰ると〔オ　　〕になじられたが、自分の〔カ　　〕さえあれば十分だと言った。 | 蘇秦は〔キ　　〕を説得して〔ク　　〕の計略を進め始めたが、この計画が破れたとき〔ケ　　〕の攻撃を未然に防ぐ力量のある者は〔コ　　〕しかいないと考えた。そこで呼びつけて侮辱すると、逆に〔サ　　〕は大いに発憤し、この恨みを晴らすには趙を苦しめる力のある〔シ　　〕に仕えるのが得策と考え、赴いた。しかし、仕官する資金がない。これを先刻承知の蘇秦は部下に金銭と〔ス　　〕を用意させ、こっそり張儀に渡させた。張儀は秦の〔セ　　〕に認められ、客分の〔ソ　　〕として待遇された。 | 張儀の出世を見届けた〔タ　　〕の部下は、報告のために帰ると張儀に別れを告げた。その際、〔チ　　〕から依頼されたこれまでの事情と、〔ツ　　〕の計略を話した。張儀はその友情に感謝し、〔テ　　〕がいる限り、その計略には口出ししないと約束した。 |

## 語句・句法

知識・技能

**1** 次の語の読み（送り仮名を含む）と意味を調べなさい。

① 以へらく（p.140 ℓ.3）

② 亡ふ（ℓ.5）

③ 乃ち（p.141 ℓ.4）

④ 微かに（ℓ.5）

⑤ 見ゆ（p.142 ℓ.9）

**2** 次の文を書き下し文に改めなさい。

① 非ズンバレ礼ニ莫カレレ言フコト。

② 安クンゾ得ン二此ノ辱メヲ一乎。

③ 何ゾ敢ヘテ可ケンレ廃ス乎。

④ 寧クンゾ可ケン下以ッテ二馬上ヲ一治ム上之ヲ乎。

## 内容の理解

思考力・判断力・表現力

**1** 「蘇秦自以、不レ及二張儀一。」（一四〇・3）の意味を、次から選びなさい。

ア　蘇秦は、張儀は自分より劣っていると考えた。
イ　蘇秦は、自分は張儀にはかなわないと考えた。
ウ　蘇秦は、張儀には足りないところがあると考えた。
エ　蘇秦は、張儀は人間的にすばらしいと考えた。

〔　　〕

**2** 「遊二説諸侯一。」（一四〇・4）の意味を、次から選びなさい。

ア　諸侯に自説を説いて回った。
イ　諸侯のお供をしてあちこち旅行した。
ウ　諸侯に遊び方を説いて回った。
エ　諸侯に演説の仕方を説いて回った。

〔　　〕

**3** 「門下意二張儀一」（一四〇・5）について、次の問いに答えなさい。

(1) 張儀はどう疑われたのか。「と疑われた。」に続く形で、十字以内で答えなさい。

〔　　　　　　　　　　〕と疑われた。

(2) 張儀が疑われた理由を、本文中から抜き出しなさい。（訓点不要）

〔　　〕

**4** 「其妻曰、」（一四〇・6）以下で妻が言った内容を、次から選びなさい。

ア　学問はしても遊説しなければこんなひどい目に遭わなかった。
イ　学問して遊説なんかするからこんなひどい目に遭った。
ウ　学問してもっと上手に遊説すればこんなひどい目に遭わなかった。
エ　学問も遊説も本気でやらないからこんなひどい目に遭った。

〔　　〕



**5** 「視二吾舌一。尚在不。」（一四〇・8）と妻に尋ねた張儀の気持ちを説明した次の文の空欄に、適語を補いなさい。▼学習一

たとえ屈辱的な失敗があったとしても、〔①〕のための手段である〔②〕さえ残っていれば、将来大きく〔③〕する可能性は十分にあるので〔④〕はいらない。

①〔　　〕②〔　　〕③〔　　〕④〔　　〕

**6** 「足矣。」（一四一・1）の意味を、次から選びなさい。

ア　舌が二枚あれば役に立つだろう。
イ　舌は回って初めて意味があるのだ。
ウ　舌は一枚で十分だ。
エ　舌さえあれば十分だ。

〔　　〕



**7** 「莫下可レ使レ用二於秦一者上。」（一四一・4）とはどういうことか。適当なものを次から選びなさい。

ア　秦の天下統一に役立つ人物がいない。
イ　秦の天下統一を阻止する人物がいない。
ウ　秦に送り込んで働かせるべき人物がいない。
エ　秦に送り込むスパイとして適当な人物がいない。

〔　　〕

**8** 「使三人微感二張儀一曰、」（一四一・4）について、次の問いに答えなさい。

(1) 「曰」の主語を本文中から抜き出しなさい。

〔　　〕

(2) 「曰」の内容をまとめた次の文の空欄に適語を補いなさい。

「あなたは昔、〔 ① 〕と親しかった。彼は今〔 ② 〕して〔 ③ 〕の国の要職に就いている。彼の所へ行ってあなたの〔 ④ 〕をかなえてくれるよう頼んでみてはどうですか。」

① 〔 〕 ② 〔 〕

③ 〔 〕 ④ 〔 〕

**9** 「誡㆓門下人㆒不㆑為㆑通。」（一四一・7）の理由を、次から選びなさい。

ア 張儀が自分を頼ってやって来るとは思わなかったから。

イ 張儀を侮辱して怒らせる計画だったから。

ウ 体調がすぐれず、面会する気がしなかったから。

エ 仕事が忙しくて面会する暇がなかったから。 〔 〕

**10** 「使㆑不㆑得㆑去」（一四一・8）を口語訳しなさい。

〔 〕

**11** 「至㆑此。」（一四一・10）とはどういう事態のことをいうのか。十五字以内で答えなさい。（句読点を含む） ▼脚問1

**12** 「吾寧不㆑能㆔言而富㆓貴子㆒。」（一四一・10）の意味を、次から選びなさい。

ア 私はあなたを推薦もしないし富貴にもしてやれない。

イ 私はあなたを推薦はするが富貴にできるかどうかはわからない。

ウ 私はあなたを推薦して富貴にしてやることはできない。

エ 私はあなたを推薦して富貴にしてやれないわけではない。 〔 〕

**13** 「謝去㆑之。」（一四一・11）の「謝」の意味として適当なものを、次から選びなさい。

ア 感謝　イ 謝絶　ウ 謝罪　エ 陳謝 〔 〕



**14** 「自以為㆓故人㆒求㆑益。」（一四一・11）の「故人」と同じ内容を表す箇所を三四九ページの本文中から抜き出しなさい。（訓点不要） 〔 〕

**15** 「遂入㆑秦。」（一四三・1）の理由を説明した次の文の空欄に、適語を補いなさい。

張儀は〔 ① 〕を頼って〔 ② 〕にやって来たのに、下男や〔 ③ 〕が食べるような〔 ④ 〕な食事を与えられたり、用いるに足りない男だと蘇秦に非難されたりと〔 ⑤ 〕を受けたので、張儀の中に〔 ⑥ 〕心が芽ばえた。諸侯の中で、自分を辱めた〔 ⑦ 〕を屈伏させることができるのは〔 ⑧ 〕だけだと考え、そこで仕えようと思った。

① 〔 〕 ② 〔 〕 ③ 〔 〕

④ 〔 〕 ⑤ 〔 〕 ⑥ 〔 〕

⑦ 〔 〕 ⑧ 〔 〕

**16** 「殆弗㆑如也。」（一四三・4）の意味を、次から選びなさい。 ▼脚問2

ア 張儀は蘇秦よりも優秀だ。

イ 蘇秦は張儀よりも優秀だ。

ウ 張儀も蘇秦と同じくらい優秀だ。

エ 張儀と蘇秦を比較することはできない。 〔 〕

**17** 「吾幸先用。」（一四三・4）とはどういうことか。本文中から五字で抜き出しなさい。（訓点不要）

**18** 「能用㆓秦柄㆒者、独張儀可耳。」(四三・4) とあるが、張儀が秦の権力を握ることにはどういう意味があるのか。次から選びなさい。

ア 張儀が、才能に見合った仕事につくことができる。
イ 秦が、趙の属国になる可能性が高くなる。
ウ 秦に、合従の策を破らせないようにすることが可能になる。
エ 張儀が将来秦の王になる可能性が生まれる。

〔　　〕

**19** 「吾恐㆘其楽㆓小利㆒而不㆖遂。」(四三・5) には、誰の、誰に対する、どのような思いがこめられているか。次の文の空欄に、適語を補いなさい。

〔①〕の〔②〕に対する〔③〕。

①〔　　〕 ②〔　　〕 ③〔　　〕

**20** 「召辱㆑之、以激㆓其意㆒。」(四三・6) の意味を、次から選びなさい。

ア 張儀を辱めることで優越感を持った。
イ 張儀を辱めることで彼を発憤させた。
ウ 張儀を辱めることで彼の自尊心を傷つけた。
エ 張儀を辱めることで権力の恐ろしさを認識させた。

〔　　〕

**21** 「子為㆑我陰奉㆑之。」(四三・6) の① 「子」と、② 「之」はそれぞれ誰をさすか。次から選びなさい。

ア 蘇秦　イ 張儀　ウ 舎人　エ 恵王

①〔　　〕 ②〔　　〕

**22** 「発㆓金幣車馬㆒、」(四三・7) について、次の問いに答えなさい。

(1) 「発」と最も近い意味の熟語を、次から選びなさい。

ア 徴発　イ 出発　ウ 発見　エ 発育

〔　　〕

(2) 「金幣車馬」を提供したのは誰か。本文中から抜き出しなさい。

〔　　〕



**23** 「頼㆑子得㆑顕。」(四四・1) とはどういうことか。主語を明確にして簡潔に答えなさい。

〔　　〕

**24** 「吾在㆓術中㆒而不㆑悟。」(四四・5) の内容を説明した次の文の空欄に、適語を補いなさい。

〔①〕は、〔②〕の策謀にまんまとはまっていたことに、全く〔③〕なかったということ。

①〔　　〕 ②〔　　〕 ③〔　　〕

**25** 「安能謀㆑趙乎。」(四四・7) の意味を、次から選びなさい。

ア 趙をどうやって討てばよいのだろうか。
イ 趙を手助けする計画など立てられない。
ウ 趙と陰謀をめぐらす計画など立てられない。
エ 趙を討つ計画など立てられない。

〔　　〕

**26** 「何敢言。」(四四・7) とはどういうことか。三十字以内で答えなさい。 ▼脚問4

**27** 「蘇君在、儀寧渠能乎。」(四四・8) からうかがわれる張儀の性格として適当なものを、次から選びなさい。

ア 感激しやすく、親友をいたわるやさしさがある。
イ 才能をひけらかさず、謙遜する誠実さがある。
ウ 恩義に報いようとする純粋さ・素朴さがある。
エ 上下関係を尊重する礼儀正しさがある。

〔　　〕

学習目標　荊軻を始めとする登場人物の心理とともに、秦王暗殺事件の顛末を捉える。

# 荊軻

教科書 p.144～p.149

検印

## 展開の把握　思考力・判断力・表現力

○次の空欄に適語を入れて、内容を整理しなさい。

| 燕の太子丹　秦に質たるも亡げて燕に帰る<br>（初め ～ p.145 ℓ.1） | 壮士一たび去りて復た還らず<br>（p.145 ℓ.2 ～ p.146 ℓ.11） | 図窮まりて匕首見はる<br>（p.147 ℓ.1 ～ 終わり） |
|---|---|---|
| 燕にやって来た荊軻は、〔ア　〕の人であり、〔イ　〕と〔ウ　〕を好む人であった。そのうち〔エ　〕に人質になっていた燕の〔オ　〕が逃げ帰ってきた。幼なじみの秦王〔カ　〕に冷遇されたためで、彼は秦王に仕返しするための人物を探した。 | 燕の太子丹は〔キ　〕の暗殺のため鋭く高価な〔ク　〕を買い求め、〔ケ　〕を塗って焼きを入れ、〔コ　〕に与えた。その補佐役として〔サ　〕を任命した。〔シ　〕が太子にせかされて秦に出発するにあたり、見送る人々は白装束で〔ス　〕のほとりまで来た。みな涙を流し、〔セ　〕は筑を弾き、〔ソ　〕は自作の歌をうたった。 | 秦に到着した荊軻は秦の将軍〔タ　〕の首と〔チ　〕の地図を持参し、秦王に謁見を願い、許された。秦王が地図を広げ終わると〔ツ　〕が現れた。荊軻は秦王を〔テ　〕としたが、身体まで届かない。秦王を追いかけているうちに侍医の〔ト　〕は〔ナ　〕を荊軻に投げつけ、そのすきに秦王も剣を抜き斬りつけて、〔ニ　〕に傷を負わせ、側近がとどめを刺した。こうして秦王暗殺計画は失敗に終わった。 |

## 語句・句法　知識・技能

1 次の語の読み（送り仮名を含む）と意味を調べなさい。

① 乃ち（p.144 ℓ.2）〔　　〕〔　　〕

② 予め（p.145 ℓ.7）〔　　〕〔　　〕

③ 陳ぶ（p.147 ℓ.6）〔　　〕〔　　〕

④ 発く（p.148 ℓ.4）〔　　〕〔　　〕

⑤ 走ぐ（ℓ.8）〔　　〕〔　　〕

2 次の文を書き下し文に改めなさい。

① 若シ己推シテ而内ルルガ二之ヲ溝中ニ一。〔　　〕

② 秦不二敢ヘテ動カ一。〔　　〕

③ 豈ニ能ク爾（しか）ル哉。〔　　〕

④ 唯ダ見ル長江ノ天際ニ流ルルヲ。〔　　〕

## 内容の理解

思考力・判断力・表現力

**1** 「荊軻者、衛人也。……好㆓読書撃剣㆒。」（一四・2〜4）について、次の問いに答えなさい。

(1) 荊軻の先祖はどこの人であったか。本文中から抜き出しなさい。［　　］

(2) 荊軻は衛では「慶卿」、燕では「荊卿」と呼ばれたが、その呼び名には人々のどのような気持ちが込められているか。次から選びなさい。［　　］

ア 畏怖　イ 尊敬　ウ 親愛　エ 嫌悪

(3) 「好㆓読書撃剣㆒。」から、荊軻のどのような人物像がうかがえるか。十字以内で答えなさい。（句読点を含む）

**2** 「居頃㆑之、」（一四・5）とあるが、誰がどこに滞在したのか。次から選びなさい。［　　］

ア 荊軻が燕に　イ 太子丹が秦に　ウ 太子丹が趙に　エ 秦王政が趙に

**3** 「燕太子丹質㆑秦亡帰㆑燕。」（一四・5）について、次の問いに答えなさい。

(1) 「燕太子丹質㆑秦亡帰㆑燕。」の事情の説明として適当なものを、次から選びなさい。［　　］

ア 丹は秦王とは幼なじみだったが、処遇がよくないのをうらんで、人質に取られていた秦から燕に逃げ帰った。

イ 丹は秦王とは幼なじみだったので、処遇もよかったが、望郷の念を抑え切れず、人質に取られていた秦から燕に逃げ帰った。

ウ 丹は秦王とは幼なじみだったが、その後犬猿の仲となり殺されそうになって、命からがら人質に取られていた秦から燕に逃げ帰った。

エ 丹は秦王とは幼なじみだったので、自由気ままな生活をしていたが、それに飽きて人質に取られていた秦から燕に逃げ帰った。

(2) 太子丹はこのあと、何をしたのか。二十五字以内で説明しなさい。（句読点を含む）

**4** 「国小力不㆑能。」（一五・1）とあるが、この「国」はどこのことか。次から選びなさい。［　　］

ア 衛　イ 斉　ウ 燕　エ 秦　オ 趙



**5** 「取㆓之百金㆒。」（一五・8）の「之」は何をさすか。本文中から抜き出しなさい。（訓点不要）［　　］

**6** 「人無㆘不㆓立死㆒者㆖。」（一五・9）の意味を、次から選びなさい。［　　］

ア その場で死ぬ者がほとんどであった。

イ 誰でもすぐに死んでしまった。

ウ すぐに死ぬ者はいなかった。

エ 大部分の者がすぐに死んでしまった。

**7** 「頃㆑之、未㆑発。」（一五・12）の理由を、本文中から六字で抜き出しなさい。（訓点不要）

**8** 「疑㆓其改悔㆒。」（一四六・1）の意味を説明した次の文の空欄に、適語を補いなさい。

〔 ① 〕は、〔 ② 〕が〔 ③ 〕王の〔 ④ 〕に行く気が〔 ⑤ 〕のではないかと〔 ⑥ 〕った。

① 〔　　〕 ② 〔　　〕 ③ 〔　　〕
④ 〔　　〕 ⑤ 〔　　〕 ⑥ 〔　　〕

**9** 「豈有㆑意哉。」（一四六・1）の意味を、次から選びなさい。

ア 何も考えておられないようですね。
イ 何を考える必要がありますか、いや、ありません。
ウ 何かいい考えをお示しください。
エ 何か考えることがおありですか。

**10** 「何太子之遣。」（一四六・3）の意味として適当なものを、次から選びなさい。 〔　　〕

ア どういうわけで太子は秦舞陽を派遣しようとされるのですか。
イ どういうわけで太子は私、荊軻を派遣しようとされるのですか。
ウ どうすれば太子は秦舞陽を派遣できるのですか。
エ どこへ太子は秦舞陽を派遣しようとされるのですか。 〔　　〕

**11** 「遂発。」（一四六・5）のときの荊軻の心境として適当なものを、次から選びなさい。

ア 秦舞陽が先に出かけたので、少し不安な心境。
イ 秦舞陽の能力に疑問を感じ、不安な心境。
ウ 秦舞陽に全幅の信頼を寄せ、安心している心境。
エ 秦舞陽は頼りないが、何とかなるだろうという心境。 〔　　〕



**12** 「其事」（一四六・6）とは何か、十五字以内で答えなさい。（句読点を含む） ▼脚問1

**13** 「白衣冠以送㆑之」（一四六・6）の「白衣冠」にはどのような意味が込められているか。次から選びなさい。 ▼脚問2

ア 清廉潔白な荊軻の心に敬意を表す意味。
イ 無事に趙に帰ることを天に祈る意味。
ウ 生きて帰らぬ荊軻を弔う意味。
エ 礼服を着て荊軻の前途を祝う意味。 〔　　〕

**14** 「壮士一去兮不㆓復還㆒。」（一四六・9）について、次の問いに答えなさい。

(1) ①「壮士」の意味と、②誰をさしているのかを、それぞれ書きなさい。

① 〔　　〕 ② 〔　　〕

(2) 「不㆓復還㆒。」の意味を、次から選びなさい。

ア 帰るとは限らない。
イ 帰らないとは限らない。
ウ 二度と帰らない。
エ 二度とも帰らない。 〔　　〕

**15** 「瞋㆑目、髪尽上指㆑冠。」（一四六・10）とはどのような様子を表しているのか。十字以内で答えなさい。（句読点を含む）

**16** 「厚遺㆓秦王寵臣中庶子蒙嘉㆒。」（一四七・2）が功を奏した結果を本文中から一文で抜き出し、初めと終わりの三字を書きなさい。（訓点不要）

**17** 「嘉為先言㆓於秦王㆒曰、」（一四七・3）の内容と違うものを、次から選びなさい。

ア　燕王は秦王に刃向かう意志は全くありません。
イ　燕王は秦王の家臣となり、荊軻を人質として差し出します。
ウ　燕王は樊於期の首と督亢の地図を献上しました。
エ　燕王は秦王の家臣となり、自国の安泰を願っています。

〔　　〕

〔　　〕〜〔　　〕

**18** 「以㆑次進、至㆑陛。」（一四七・11）について、次の問いに答えなさい。

(1) 「進」む順番として、荊軻と秦舞陽のどちらが前でどちらが後か、答えなさい。

前〔　　〕　後〔　　〕

(2) それはどこでわかるか。本文中から六字で抜き出しなさい。（訓点不要）

**19** 「笑㆓舞陽㆒」（一四八・1）の「笑」はどのような笑いか。適当なものを、次から選びなさい。

ア　秦舞陽の失敗を援護して、大事が露見しないようにするための、ごまかしの笑い。
イ　秦舞陽の失敗で大事が露見して、もうだめだと思った、あきらめの笑い。
ウ　秦舞陽の日ごろの言動とはあまりにかけ離れた小心ぶりに対して、ばかにする笑い。
エ　秦舞陽の失敗を援護しようとしたが、あまりの小心ぶりにあきれている笑い。

〔　　〕



**20** 「未㆑至㆑身。」（一四八・5）とは、①何が、②何の「身」に「未㆑至」なのか、本文中の語句で答えなさい。

①〔　　〕　②〔　　〕

**21** 新傾向 「袖絶。」（一四八・6）以下、短い文が続くが、このような表現にはどういう効果があるか。次から選びなさい。

▼脚問3

ア　秦王と荊軻の複雑な動きを単純化して見せる効果。
イ　秦王の逃げ足の速さと荊軻の勇猛さが強調される効果。
ウ　秦王、荊軻、群臣と三者三様の緊張感を表す効果。
エ　秦王のあわてぶりと荊軻の冷静さを対比する効果。

〔　　〕

**22** 「倚㆑柱而笑、」（一四九・6）について、次の問いに答えなさい。

(1) なぜ「笑」ったのか。理由を本文中から五字で抜き出しなさい。（訓点不要）

(2) この「笑」はどのような気持ちの笑いか。次から選びなさい。

ア　満足　イ　悲嘆　ウ　狂乱　エ　自嘲

〔　　〕

**23** 「罵」（一四九・7）について、次の問いに答えなさい。

(1) 誰に対する「罵」か、答えなさい。

▼脚問4

〔　　〕

(2) どういうことについて「罵」っているのか。三十字以内で答えなさい。（句読点を含む）

学習目標　入試レベルの読解問題に挑戦する。

# 入試問題に挑戦　『韓非子』内儲説下

二〇二一年度國學院大學（改題）

検印

○次の文章を読んで、あとの問いに答えなさい。ただし、問いの都合で、返り点・送り仮名を省いた部分がある。

魯孟孫・叔孫・季孫相戮力劫昭公、遂奪其国而擅其制。魯三桓偪公、昭公攻季孫氏。而孟孫氏・叔孫氏相与謀曰、①救之乎。叔孫氏之御者曰、②我家臣也、安知公家。③凡有季孫与無季孫、於我孰利。皆曰、無 Ⅰ 必無 Ⅱ 。然則救之。於是撞西北隅而入。孟孫見叔孫之旗入、亦④救之。⑤三桓為一、昭公不勝、逐之死於乾侯。

（韓非子）

**語注**

＊**魯**…春秋時代の国。
＊**孟孫・叔孫・季孫**…魯国で、権勢の非常に強かった三つの氏族。
＊**昭公**…魯国の君主。
＊**三桓**…孟孫・叔孫・季孫をあわせた呼び名。
＊**与**…一緒に。
＊**凡**…そもそも。
＊**然則救之**…この部分は御者の発言。「然」は、「それならば」という意味。
＊**撞西北隅**…包囲網の西北の一角を攻撃する。
＊**逐**…魯国を追放される。
＊**乾侯**…地名。晋国にあった。

**出典紹介**

**韓非子**…戦国時代の思想家、韓非の著。二十巻、五十五編。厳格な法治主義を唱え、法と賞罰によって支配することを政治の根本とするとしている。「韓非子」に由来する言葉としては、「信賞必罰」などがあり、秦の始皇帝も、法家の書としてこれを重宝していたとされている。

## 内容の理解

思考力・判断力・表現力

**1** 傍線部①「救ㇾ之乎。」の口語訳を、「之」の内容を明らかにして答えなさい。

〔　　　　　　　　〕

**2** 傍線部②「我家臣也、安知㆓公家㆒。」の解釈として適当なものを、次から選びなさい。

ア　私は昭公の家臣ですので、安全に昭公の家へ皆様を案内できます。
イ　私は身分の低い家の臣ですので、高貴な家のことはわかりかねます。
ウ　私の家に使える臣たちが、昭公の家の構造について熟知しております。
エ　私は叔孫家に使える臣ですので、昭公の家については関知いたしません。

〔　　〕

**3** 傍線部③「有季孫与無季孫、於我孰利。」について、次の問いに答えなさい。

(1) 書き下し文を、次から選びなさい。

ア　季孫有るも季孫無きも、我に於いて孰だ利ありと。
イ　季孫有ると季孫無きと、我に於いて孰れか利あると。
ウ　季孫を有して季孫を無にするは、我に於いて孰ぞ利あるかなと。
エ　季孫を有りとして季孫を無にするは、我に於いて孰ぞ利あらんやと。

〔　　〕

(2) 口語訳をしなさい。

〔　　　　　　　　〕

**4** 空欄 Ⅰ ・ Ⅱ に入る語の組み合わせとして、適当なものを次から選びなさい。

ア　Ⅰ　昭公　　Ⅱ　叔孫
イ　Ⅰ　季孫　　Ⅱ　叔孫
ウ　Ⅰ　叔孫　　Ⅱ　昭公
エ　Ⅰ　季孫　　Ⅱ　昭公

〔　　〕

**5** 傍線部④「救ㇾ之」とあるが、誰が誰を救うのか。それぞれ本文中から抜き出しなさい。

誰が〔　　　　〕
誰を〔　　　　〕

**6** 傍線部⑤「三桓為ㇾ一」の解釈として最も適当なものを次から選びなさい。

ア　三桓はそれぞれ単独に動いて
イ　三桓は一つの地点に集合して
ウ　三桓はあるねらいを用意して
エ　三桓は心を一つに協力し合い

〔　　〕

**7** 新傾向　ある生徒が、この文章の内容を次のように図にまとめた。図の中の空欄①～⑤に入る適語を、それぞれ二字で書きなさい。

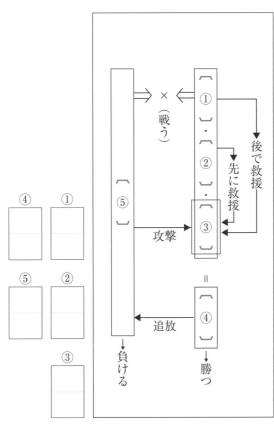

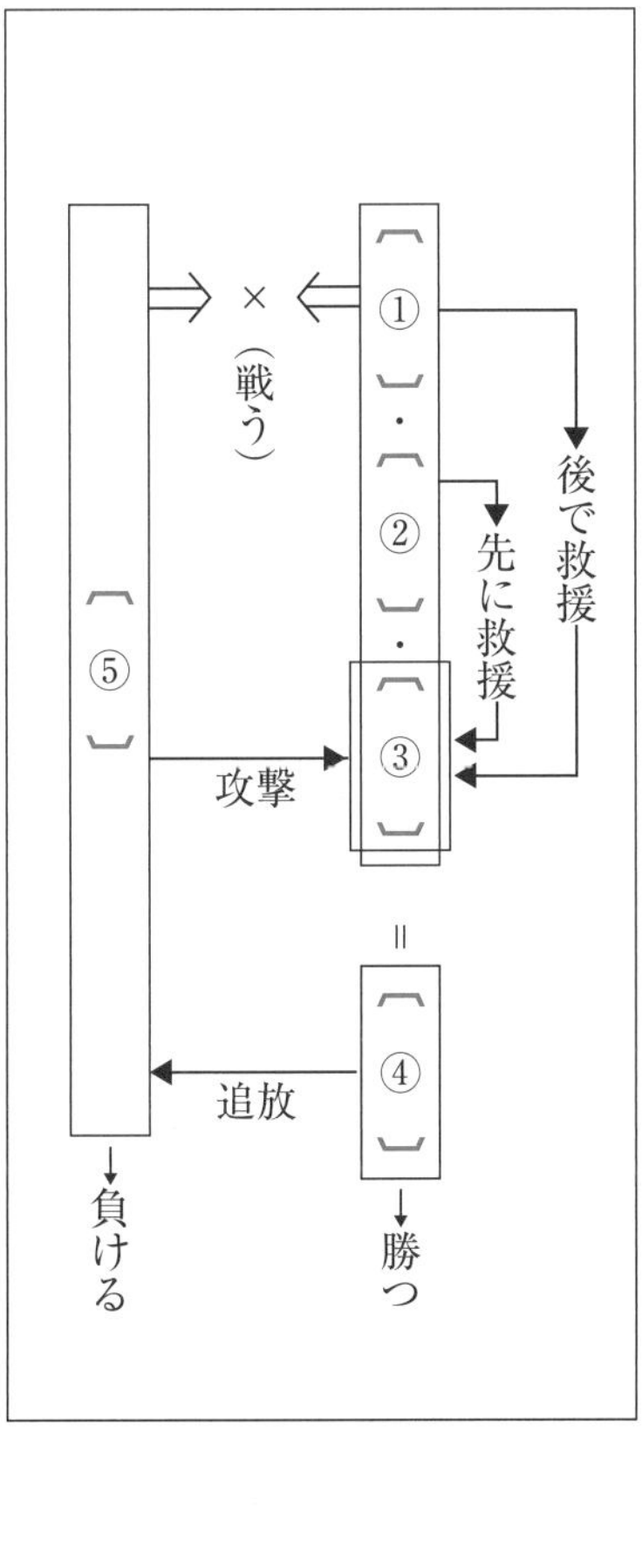


① 　② 　③ 　④ 　⑤

# 入試問題に挑戦　『孟子』梁恵王下

二〇二〇年度東海大学（改題）

検印

○次の文章を読んで、あとの問いに答えなさい。ただし、問いの都合で、返り点・送り仮名を省いた部分がある。

孟子謂斉宣王曰、「王之臣有託其妻子於其友、而行*楚遊者。及其帰也、則*凍餒其妻子、則如①之何。」王曰、「棄之。」曰、「②*士師不能治*士、則如之何。」王曰、「已之。」曰、「*四境之内不治、③之。」曰、「四境之内不治、〔Ⅰ〕。」④王顧左右而言他。

（『孟子』梁恵王下）

**語注**
＊**楚**…国名。
＊**凍餒**…飢え凍える。
＊**士師**…現在の司法長官。
＊**士**…役人。
＊**四境**…四方の国ざかい。

**大意**　思考力・判断力・表現力

○次の空欄に適語を入れて、内容を整理しなさい。

孟子が斉の〔ア　〕に聞いた、「王の臣下からその〔イ　〕を預けられた〔ウ　〕が、〔エ　〕を凍え、飢えさせていたら、王様はこの者をどうするか。」と。王は、「そんな人物は棄てて用いない。」と答えた。さらに孟子が、「〔オ　〕が部下の〔カ　〕たちをまとめることができなければ、王様はこの者をどうするか。」と聞くと、王は「そんな人物は辞めさせる。」と答えた。そこで孟子は、「〔キ　〕がうまく治まらないときにはどうするか。」と聞くと、王は〔ク　〕を振り返って、〔ケ　〕を話しだした。

**出典紹介**

**孟子**…十四編。孟子の言行を記した書で、「梁恵王」以下「尽心」までの七編から成る。のちに七編がそれぞれ上下二編に分けられて十四編に定着した。

## 内容の理解　思考力・判断力・表現力

**1** 傍線部①「之」とは誰のことをさすか。次から選びなさい。

ア 臣　イ 妻　ウ 子
エ 友　オ 士師　〔　　〕

**2** 傍線部②「士師不レ能レ治レ士」を書き下すとどうなるか。次から選びなさい。〔　　〕

ア 士師士をよく治まらずんば、
イ 士師士の能を治まらずんば、
ウ 士師士の能を治むることならずんば、
エ 士師士をよく治むること能はずんば、
オ 士師士を治むること能はずんば、　〔　　〕

**3** 傍線部③「之」とは誰のことをさすか。次から選びなさい。

ア 臣　イ 妻　ウ 子
エ 友　オ 士師　〔　　〕

**4** 空欄 Ⅰ に入る適語を、本文中から四字で抜き出しなさい。（訓点不要）

**5** 新傾向 ある生徒が、この文章の内容を次のように表にまとめた。表を見て、次の問いに答えなさい。

| 孟子の問い（それぞれの者をどうするか？） | 宣王の答え |
|---|---|
| 〔①〕を凍え、飢えさせた〔②〕。 | → 用いない。 |
| 〔③〕を治めることのできない〔④〕。 | → 辞めさせる。 |
| 〔⑤〕が治まらない〔⑥〕。 | → ？ |

(1) 表の空欄①～④に入る適語を、本文中からそれぞれ二字以内で抜き出しなさい。

①　②　③　④

(2) 表の空欄⑤・⑥に入る適語を考えて、それぞれ二字以内で書きなさい。

⑤　⑥

**6** 傍線部④「王顧二左右一而言レ他。」について、次の問いに答えなさい。

(1) この文の意味を、次から選びなさい。

ア 王は左右を顧みて、他のことを話しだした。
イ 王は左右を顧みて、臣下が話しだすのを待っていた。
ウ 王は左右の臣下を顧みて、良い答えを出すのを待った。
エ 王は左右の臣下を顧みて、どのように答えるかをたずねた。
オ 王は左右を顧みて、この問いを他言しないよう厳命した。　〔　　〕

(2) 王はなぜ(1)のような行動を取ったのか。三十字以内で説明しなさい。

**7** 孟子は、斉の宣王に対して何を問い詰めようとしているのか。次から選びなさい。

ア 人の性は本来善であること。　イ 王としてのあるべき姿。
ウ 王の職務と責任について。　エ 民と王との違いについて。
オ 世の中の治め方について。　〔　　〕

**8** この文章からできた次のことわざの空欄に入る言葉を、一字で書きなさい。

顧みて〔　　〕を言う

学習目標　入試レベルの読解問題に挑戦する。

## 入試問題に挑戦　蘇軾「山村五絶」其三・『論語』述而編・朋九万『東坡烏台詩案』

二〇二一年度上智大学（改題）

検印

○【資料1】は蘇軾の詩、【資料2】はその詩がふまえる故事、【資料3】は【資料1】について解説した文章である。これらを読んで、あとの問いに答えなさい。ただし、問いの都合で、返り点・送り仮名を省いた部分がある。

【資料1】

①老翁七十自腰（ニス）レ鎌（かまヲ）
*慙（ざん）愧（きス）春山筍（じゅん）蕨（けつノ）甜（*あまキヲ）
②豈是聞韶*解*忘味
*爾（じ）来（らい）三月食無［Ⅰ］

（蘇軾（そしょく）「山村五絶」其三）

【資料2】

子在（リテ）レ斉（ニ）聞（ク）レ韶（しょうヲ）。三月不（レ）知（ラ）二肉（ノ）味（ヲ）一。曰（ハク）、③「不図為楽之至於斯也。」

（『論語』述而（じゅつじ）編）

### 大意　思考力・判断力・表現力

○次の空欄に適語を入れて、内容を整理しなさい。

【資料1】

老翁は〔ア　〕歳になっても〔イ　〕を腰にさしている。

タケノコやワラビが〔ウ　〕のをありがたいと思っている。

これは、（孔子のように）すばらしい〔エ　〕を聞いて〔オ　〕を忘れることができたというのではない。

この〔カ　〕の間、食事の味がしなかったからなのである。

【資料2】

孔子は〔キ　〕の国で〔ク　〕を聞いて、〔ケ　〕の間、〔コ　〕がわからなくなった。「思いもよらなかった。〔サ　〕を演奏することで、これほどまでに（すばらしい）境地に達するとは。」と言った。

## 【資料3】

意山中之人、饑貧無食。雖老猶自採筍蕨充饑。時*塩法峻急。僻遠之人無塩食、動経数月。若古之聖人、則能聞韶忘味。山中小人、④豈能食淡而楽乎。以譏諷塩法太急也。

（朋九万『東坡烏台詩案』）

**語注**

*慙愧…ありがたいと思う。
*甜…うまい。
*韶…舜が作ったと言われるすぐれた音楽。
*解…「能」と同義。
*爾来…このごろ。
*塩法峻急…当時、塩は政府専売品で高値であったうえ、密売の取り締まりが強化されていたことをさす。

**【資料3】**

山の中の人は、飢えて〔シ　〕て〔ス　〕がないから、老いても自分でタケノコやワラビを採って〔セ　〕を満たしている。辺鄙なところに住む人は、食事に〔ソ　〕がない。かつての〔タ　〕は、〔チ　〕を聞いて〔ツ　〕を忘れることができたが、山の中の庶民は、〔テ　〕のない食事では満足できない。このように、〔ト　〕が厳しいことを風刺したのである。

### 出典・作者紹介

**【資料1】**
**蘇軾**…一〇三六―一一〇一。字は子瞻、号は東坡。政治家としてだけでなく、詩人・書家・画家としてもすぐれ、音楽にも通じていた。唐宋八大家（唐から宋にかけての高名な文人）の一人。父蘇洵・弟蘇轍もその一人で、この三人は「三蘇」と呼ばれている。

**【資料2】**
**論語**…孔子の死後、弟子が孔子の言葉や行いを記録したもの。二十編から成る。

**【資料3】**
**東坡烏台詩案**…一巻。宋・朋九万撰。蘇軾が、その作詩に王安石の新法に対する批判の意があるとして御史台の獄につながれた事件（通称「烏台詩案」）の経緯を記したもの。「烏台」は御史台の別称。

## 内容の理解

思考力・判断力・表現力

**1** 【資料1】の詩の形式を答えなさい。

〔　　　　〕

**2** 新傾向 傍線部①「老翁七十自腰㆑鎌」とあるが、なぜ「老翁」はこのようにしないといけなかったのか。【資料3】からその理由を探し、二十字以内の現代語で答えなさい。

**3** 傍線部②「豈是聞韶解忘味」について、次の問いに答えなさい。

(1) 新傾向「聞韶解忘味」となったのは、誰か。【資料2】【資料3】から、その人物を表している言葉をそれぞれ抜き出しなさい。

【資料2】〔　　　　〕

【資料3】〔　　　　〕

(2) これはどのような意味か。次から選びなさい。

ア　すばらしい音楽を聴いても、その音楽の味わいを忘れてしまっては意味がない。

イ　すばらしい音楽を聴いて、その音楽の味わいを忘れることがあるだろうか、いやない。

ウ　すばらしい音楽を聴いて、ごちそうの味を忘れてしまったというわけではない。

エ　すばらしい音楽を聴いても、ごちそうの味を忘れられようか、いや忘れることはできない。

〔　　〕

**4** 新傾向 空欄Ⅰを埋めるのに最も適当な文字を、【資料3】から一字で抜き出しなさい。

**5** 傍線部③「不図為楽之至於斯也。」に返り点を施したものとして最も適当なものを、次から選びなさい。

ア　不㆑図為㆑楽之至㆓於斯㆒也。

イ　不㆑図㆑為㆑楽之至於㆑斯也。

ウ　不㆑図為㆑楽㆔之至㆓於斯㆒也。

エ　不㆑図㆘為㆓楽之至㆒於斯㆖也。

〔　　〕

**6** 傍線部④「豈能食淡而楽乎。」はどのような意味か。次から選びなさい。

ア　食べ物が不足しているのに楽しめようか。いや、楽しめない。

イ　味気ないものを食べていては、すぐれた音楽など生み出せない。

ウ　味のない食事で満足できようか、いや、満足できない。

エ　食事が十分に取れなくても、音楽を味わうことはできる。

〔　　〕

**7** 新傾向【資料1】の詩の説明として最も適当なものを、次から選びなさい。

ア　孔子のような聖人であれば、貧しい山村にも塩が行き渡るようにしてくれるはずだと詠み、何の成果もあげられない為政者を風刺している。

イ　孔子は韶を聞いて肉の味を忘れたが、庶民は塩がないため少しの味にも感動していると詠んで、厳しい塩法を行う政府を批判している。

ウ　韶を聞いて肉の味を忘れた孔子に対し、塩不足に不満を言う民衆を描き、朝廷の施策を理解しない彼らを批判している。

エ　立派な人格者である孔子になぞらえて、山村の老人の貧しくとも心豊かな日常を描き、世の贅沢を風刺している。

〔　　〕

# 入試問題に挑戦　『史記』滑稽列伝

二〇二〇年度滋賀大学（改題）

検印

○次の文章を読んで、あとの問いに答えなさい。ただし、問いの都合で、返り点・送り仮名を省いた部分がある。

優孟、故楚之楽人也。長八尺、多弁、常以談笑諷諫。（中略）①楚相孫叔敖知其賢人也、善待之。②病且死、属其子曰、「我死、汝必貧困。③若往見優孟、言我孫叔敖之子也。」居数年、其子窮困負薪、逢優孟。与言曰、「我孫叔敖子也。父且死時、属我貧困往見優孟。」優孟曰、「若無遠有所之。」即為孫叔敖衣冠、抵掌談語。歳余、像孫叔敖。④楚王左右不能

語注

＊**以談笑諷諫**…談笑の中で遠回しに諫める。
＊**楚相孫叔敖**…楚の大臣の孫叔敖という人物。
＊**属**…ねんごろに言い聞かせる。「嘱」に同じ。
＊**抵掌談語**…ここでは孫叔敖の仕草や話し方をまねるさまをいう。
＊**荘王**…楚の王。
＊**置酒**…酒宴を開く。
＊**為寿**…宴席で目上の人の長寿を祝福する。
＊**尽忠為廉**…国のために誠意を尽くし、身を潔白に保つ。
＊**覇**…覇を唱える。諸国をまとめる立場につく。
＊**無立錐之地**…極めて狭い土地すら持っていないこと。
＊**封之寝丘四百戸**…孫叔敖の息子に寝丘四百戸の土地を領地として与える。「寝丘」は地名。
＊**奉其祀**…先祖の祭祀を行わせる。

別也。
莊王置酒、優孟前為寿。⑤莊王大驚、以為孫叔敖復生也。欲以為相。優孟曰、「請帰与婦計之。三日而為相。」莊王許之。三日後、優孟復来。王曰、「婦言謂何。」孟曰、「婦言、慎無為。⑥楚相不足為也。如孫叔敖之為楚相、尽忠為廉以治楚、楚王得以覇。今死、其子無立錐之地、貧困負薪以自飲食。⑦必如孫叔敖、不如自殺。」（中略）於是莊王謝優孟、乃召孫叔敖子、封之寝丘四百戸、以奉其祀。後十世不絶。

（『史記』）

---

**大意**　○次の空欄に適語を入れて、内容を整理しなさい。　思考力・判断力・表現力

優孟は〔ア　〕の国の〔イ　〕であり、優秀な人である。楚の〔ウ　〕であった孫叔敖は、そのことをわかっていて、彼を優遇した。その後、〔エ　〕は息子に、自分の死後、困窮したら〔オ　〕を頼るようにと言って死ぬ。数年後、生活に困った〔カ　〕は、〔キ　〕のところに行き、「私は〔ク　〕です。」と言い、彼を頼った。優孟は一年かけて、孫叔敖と〔ケ　〕になった。

優孟は、楚の〔コ　〕に会うことにした。莊王は、優孟を〔サ　〕にしようとする。しかし、優孟は、〔シ　〕と同じようになるのなら、〔ス　〕するほうがよいと断ってしまう。このことにより、〔セ　〕は自分の過ちに気づき、その後、〔ソ　〕の一族を優遇した。

## 内容の理解　思考力・判断力・表現力

**1** 傍線部①「楚相孫叔敖知二其賢人一也、善待レ之。」について、次の問いに答えなさい。

(1)「其」は誰をさすか。次から選びなさい。

ア　荘王
イ　優孟
ウ　優孟の妻
エ　孫叔敖の子

〔　　〕

(2)「待」を用いた、ここでの意味に合う熟語を答えなさい。

〔　　〕

**2** 傍線部②「病且死、」を、送り仮名も含めてすべてひらがな（現代仮名遣い）で書き下し文に改めなさい。

〔　　〕

**3** 傍線部③「若往見二優孟一、言二我孫叔敖之子也一。」について、次の問いに答えなさい。

(1)「若」とは誰のことか。次から選びなさい。

ア　荘王
イ　優孟の妻
ウ　荘王の側近
エ　孫叔敖の子

〔　　〕

(2)孫叔敖はなぜ、(1)の人物にこのように言ったのか、その理由を三十字以内で書きなさい。

**4** 傍線部④「楚王左右、不レ能レ別也。」を、内容がよくわかるように口語訳しなさい。

〔　　〕

**5** 傍線部⑤「荘王大驚」とあるが、どうして驚いたのか。その理由を次から選びなさい。

ア　孫叔敖が生き返ったと思ったから。
イ　孫叔敖が宴席で長寿を祝福してくれたから。
ウ　酒宴にめったに来ない優孟が来たから。
エ　優孟の衣装や冠に見覚えがあったから。

〔　　〕

**6** 傍線部⑥「楚相不レ足レ為也。」とはどういうことか、説明しなさい。

〔　　〕

**7** 新傾向　傍線部⑦「必如二孫叔敖一、不レ如二自殺一。」について、優孟はこのように言うことで荘王に何を訴えようとしたのか、それを説明した次の文の空欄に入る適語を後の条件に従って書きなさい。

孫叔敖のような〔　①　〕にはなりたくないと荘王に言うことで、荘王に〔　②　〕を気づかせるため。

（条件）・①・②いずれも「息子」「困窮」の語を用いて書き、①は「大臣」、②は「こと」で結ぶこと。
・①は「如二孫叔敖一」の内容を具体的に書くこと。
・①は三十字以内、②は十五字以内で書くこと。

①

②